「林住期」を生きる

仕事や家を離れて第三のライフステージへ

山折哲雄 編著

太郎次郎社

「林住期」を生きる

仕事や家を離れて第三のライフステージへ

山折哲雄 編著

太郎次郎社

「林住期」を生きる
仕事や家を離れて第三のライフステージへ

目次

「林住期」という生き方
仕事や家から離れて自由な豊穣の時間へ

山折哲雄

「一日を織りなす四つの時間」

朝起きて、すこしの時間だけ座る。線香一本に火を点《つ》けて、暗闇のなかで息をひそめる。一本が燃えつきるまで、乾燥した季節でも五十分ほど、梅雨どきになると、その時間がすこしのびる。

はじめ永平寺で手ほどきをうけた。それが早朝のくせになってしまったのだ。座り方は道元が発明したのだという。それからすでに七百年以上の歳月が経っている。けれどもむろん、私

●

に道元流などできるわけがない。無念無想になどなったためしがない。いつも雑念妄想とたわむれている。

無の時間など、現実には存在しないものだとあきらめた。そう悟ってしまえば、楽なものだ。座りながら、金のこと女のことを考えていても、苦にならなくなった。あの人間の顔、この人間の顔を思いおこし、怒ったりののしったりしながらも、結構楽しい時間がすぎていく。

転機が訪れた。暗闇のなかであれこれ思いわずらっている自分がいる。ふんぎりがつかないでいる自分がいる。頭を悩ましつづけている自分の哀れな姿がみえてくる。そんなときだったと思う。まるでロダンの「考える人」ではないか。オレは今、デカルトの時間を楽しんでいると思った。ともかくも物を考えていることだけは、それがいくら空疎な内容でも、疑いようのない事実だったからである。

道元の時間がデカルトの時間に変貌したとき、私はにわかに重い肩の荷をおろしたような気分になった。道元さんにはまことに申しわけないことなのだが、これが道元死後七百五十年後の、私のささやかな発見だったのだ。「われ考える、ゆえにわれあり……」。

そのあと朝食をとり、通常は勤務先にでかけていく。今もそうだが、以前もそうだった。いつのころからか、年相応に管理職とか調整職とかいった仕事につくようになっていた。自分の机のまえに立つと書類が山積みになっている。その書類のうしろから、いろんな人間の顔が立ちのぼり、ちらついている。かれらの口元からもれてくる言葉の断片がそこに群がり集まっている。その顔、顔、顔……、言葉、言葉、言葉の分列行進が、即刻管理せよ、ただちに調整せよと、私に命令している。言い訳をくり返し、もみ手すり手をしている自分の姿が、それに重なってみえてくる。

茶を一服してから活動がはじまる。あちらの部屋を訪れては頭を下げ、こちらの扉を開けては懇願のまなざしをむける。笑顔、微笑、苦笑、その使い分けがいつのまにか身についている。ときには深刻な表情も必要だ。苦虫をかみつぶしたようなのから絶望的な所作まで、レパートリーがしだいに増えていく。昼ごろになると、身も心もくたくたになっている。そんなあるとき、私の口の端に浮かんできた科白《せりふ》が、キザな話なのだが、ああオレは今、イエスの時間を生きている、というものだった。われながら顔の赤らむ思いであるが、あの十字架を背負ってゴルゴタの丘をのぼっていくイエスの姿である。

以前エルサレムを訪れ、イエスが最後にたどった路を歩いたときの経験が蘇ったのだろう。丘のうえには聖墳墓教会が建っていた。イエスの遺骸が祀られているという霊場である。そのゴルゴタの丘に通ずる道は、今日では迷路のごとく入り組み、両側にイエス・グッズを山と積む土産物屋がひしめいていた。そこを全世界からやってきた観光客や巡礼たちが埋めつくしている。人混みをかき分けて一歩一歩すすむのが、これまた難行苦行である。むろんそんな雑踏のなかでも、目を楽しませてくれるものがないではない。何しろ人の大波にまぎれてスリがいる。春をひさぐ女がいる。乞食がいる。偉そうな顔をした聖職者が歩いている。そのうえ、人

●

種の博覧会場、民族色豊かなファッションの展示会場を歩いているような錯覚に襲われて、われを忘れる。

おそらく、そんなあれこれの雑多な記憶が蘇ったからなのだろう。イエスの時間を生きている、というおおそれた叫び声が喉元をつきあげてきたのだ。「神よ、神よ、なんぞわれを見捨て給う……」。

やっと、昼になる。ゴルゴタ登山のあとだから、すでに腹がへっている。ランチをとってしばらく休むと、もう会議の時間が迫っている。いくつもの会合が目白押しに待ちかまえているからだ。開会を宣し、議論がはじまると、だんだん眠気がさしてくる。午前中のイエスの時間の疲れがどっとあふれてくる感じである。ギロンの行く末などどうでもよくなる瞬間が、突然やってくる。いつのまにかコックリコックリ舟をこいでいる。眼前の同僚たちの顔が不動明王にみえたり、観音菩薩にみえたりする。夢か、うつつか、陶然としたなかで、迦陵頻伽《かりようびんが》(極楽鳥)の美しい声がきこえてくる。ひそかに待ちこがれたブッダの時間が訪れてきたのだ。法悦の時間といってもいい。窓からは明るい陽差しがそそいでいる。煙草のケムリとヤニの匂いが少々うっとうしいけれども、「煩悩即菩提、色即是空……」の、誰が口ずさむのでもない声が天井からきこえてくる。

以前、そのブッダの誕生の地に行ったことがある。ネパールの最南端、インドとの国境線のすぐ手前にあるルンビニーである。一望千里、砂地がみえるだけのまんなかに、ブッダを祀る貧相なお堂が建っていた。近くにチベット僧やタイ僧の寺がいくつか建っている。あとは何もない。それで、チベット僧のお寺に泊めてもらった。

翌朝、まだ暗いうちに目が覚めてしまった。本堂のほうからヴァイオリンの美しい音色がきこえていた。起きあがり、音のするほうに近づいていった。正面の釈迦像のまえに灯明がつけられ、それが何の仕掛けか、くるくる廻っていた。光線が天井に反射し、まだらな明滅をくり返している。その本尊のまえで一人の初老の男があぐらをかき、ヴァイオリンを弾いているのが目に入った。単純な旋律だったが、讃仏歌にちがいなかった。

ひとしきり演奏が終わったところで、そばに寄った。どうしてこういうことを、ときくと、男は語りだした。自分はカトマンズで銀細工を売る商いをしている。その仕事もうまくいき、子どもたちも育ったので、楽器一つ抱えて一人旅に出たのだ。これからインドに入って仏蹟を歩こうと思っている。半年かかるか、一年の旅になるのか、それはわからない。かれは終始にこやかな表情をうかべてしゃべりつづけ、遍歴の生活を心から楽しんでいる風だった。

ああ、この初老の男はいま「林住期」を楽しんでいるのだ、と私は思った。一人旅で路銀がなくなれば、村の四つ辻や街角でゴザを敷き、好きな曲を弾くのだろう。辻音楽師に早変わりするのだ。芸を売る乞食、といってもいい。ときには林に入って、かつてブッダがやったようにしばしのあいだ瞑想の時間を楽しむ。宿は寺を泊まりあるけばよい。巡礼を泊める寺はいたるところにある。

「林住期」とは、読んで字のごとく人生の一時期、林に住むライフステージ、ということだ。林に住むとは、自由に、気ままに生きることと言いかえてもいい。これについてはいささか注釈が必要かもしれない。

[第三のライフステージ]

紀元前後のころ、インドではすでに「四住期」という人生観が知られていた。人間として生まれ、そして死ぬまでのあいだに四つのライフステージを経ることができれば幸せである、という人生観である。第一は「学生期《がくしょう》」、師について学び、禁欲的な生活を送る時間だ。第二が「家住期」、結婚して子どもをつくり、職業に専念する時期である。隣近所とのつきあいを大事にし、先祖を祀って家庭を維持する。第一と第二のライフステージは、われわれの場合とさして変わりはない。ふつうの世俗的な生活である。

面白いのが第三の「林住期」である。経済と家庭の安定をえたあと——別に安定をえていなくてもいいのだが——家長が一時的に家を出て、やりたいことをやるライフステージである。日ごろ抑えつづけてきた秘かな欲望を一気に解放しようというわけだ。音楽にうつつを抜かすのもいいだろう。森に入って聖者の真似ごとをするのもよい。巡礼と称して慰安と珍しい出会いを求める旅にでるのもいいだろう。その結果、不良老年への挑戦ということになるかもしれない。路銀が尽き、家庭や女房が恋しくなれば、またもとの道をもどっていけばいい。しかし、その自由気ままな旅のなかで、ときに何かをつかむという奇縁がおこらないでもない。日ごろの抑圧を解放して、身心の安定と静安が訪れてくるかもしれない。

そういう人生の一断面を切りとって「林住期」と称し、ライフステージのなかにきちんと位置づけたところが何ともユニークではないか。それを勝手に拡大解釈して「家出期」といってもいいし、場合によっては「不良老年期」と読みかえてみるのも悪くない。

この人生観は、紀元前後のころインドで発想されたものだったために、家出する不良老年は男性の家長とされているけれども、むろんその主役を女性が演じたって一向にかまわない。それどころかこの現代ニッポンにおいては、女性たちのほうがすっかり「林住期」のヒロインを演じて楽しんでいる。それにくらべれば男たちのほうがむしろ「家」の重圧にひしがれて、家出もままならずにイライラをつのらせているのではないか。ともかくインドを旅していると、そういう林住期を楽しんでいるような人間によくお目にかかるのである。

いまいったように、林住期にうかれでた連中のほとんどは、ふたたび自分の家にもどっていく。旅先で身についた垢を落とすため、疲れきった肉体を休ませるため、家族のもとにもどっていく。一息ついてから、おそらく語りだすであろう。異国の空で見た珍しい事柄、不思議な人間たちとの出会い、心ときめかす冒険の数々……。夜を徹して語り明かすこともあるかもしれない。そのときかれはいっぱしの詩人になっている。人生の知られざる断面を語る哲学者になっている。異界の物語をこの世に伝えるメッセンジャーになっている。息子たちや娘たちは、ふと誇らしげな面持ちでおやじの顔を見上げるかもしれない。平凡な日常の時間の流れのなかに、すこしは胸のうずくようなリズムが蘇ってくることがあるかもしれない。子どもたちよ、ときには一人で旅に出よ、このおやじのように、――そんな大見得をきることもあるだろう。

このライフステージの話には、フィナーレがある。林住期の世界にさまよいでた者たちのうち、ほんのわずかな人間だけがその先のステージへとすすみでていく。郷愁の共同体に回帰するのではなく、孤独な一人旅の異空間へとさらにつき抜けていく。第四の「遊行期《ゆぎょう》」である。百人に一人、千人に一人の割合で、そのような運命をひき受ける者がでてくる。このステージに入ったものは、もはや家にもどることはない。共同体に後ろ髪を引かれることもない。かれはとぼとぼと目のまえの道なき道を歩いていく。歩きながら、ふれあう人びとの魂にひたすら語りかけていく。

妻や子どもたちに旅の土産話をきかせるのではない。証拠のない自慢話に花を咲かせるのでもない。かれが関心をもつのは、悩める魂だけである。傷ついた魂たちである。魂の看取り手、といっていいだろう。だからこの第四ステージを生きる人間は、いわば「聖者」である。遁世期をすごす聖者である。かつてブッダがそこまで歩きつづけていった。現代では、たとえば植民地インドを独立にみちびいたマハトマ・ガンディーがその道を歩いていった。千人に一人、万人に一人の第四ステージの道である。

しかし、われわれは、何もそこまで高望みする必要はない。ブッダやガンディーになるなどという気をおこせば火傷をするにきまっている。当時の普通のインド人にしても、おそらく第四ステージに入ることが問題だったのではないはずだ。かれらにとってもいちばん興味があったのが、第三の「林住期」であったにちがいないからである。

要するにこの第三ステージは、俗の道でもない、さりとて聖の道でもない、両者のあいだを行ったり来たりする、いわば自由人の境涯を象徴するような人生航路を意味しているのである。そのときまで多くの人間は、四十年、五十年のあいだ、働きづめに働いてきた。そろそろ勤労、勤勉の時間を卒業して「林住期」を大いに楽しもうではないか、――それが当時のインド人たちの夢だったのだと思う。

話を元にもどそう。私はたしかこの文章を、早朝のデカルトの時間から語りだした。出勤してからは、仕事、仕事、調整、調整のなかでイエスの時間、ゴルゴタ登山の時間がはじまるといった。そして昼食後の一刻、睡魔に襲われるなかでブッダの時間に包まれる、というところまで説き及んだのであった。その睡魔に襲われる法悦のなかでウツラウツラとしているとき、私の脳裏に夢か幻のように明滅していたのが、いまいった「林住期」のイメージだったのだ。

いや、ウツラウツラしている法悦の状態そのものが私にとってはその日の林住期の時間だったのかもしれない。会議の真っ最中ではあるのだけれども、しかし私の魂はもうその場から抜けでている。魂のほうはひそかに家出をする不良老年の心境になって、心中に群がりおこるイメージと遊びたわむれている。そうなれば、もうしめたものだ。どんな激論がそこで闘わされていようと、もはや怒らず、興奮せず、誰の言葉にも口をさしはさまず、ほとんどブッダのように沈黙している。ブッダの時間を楽しんでいる。林住期の妄想をもてあそんでいる。会議が終わるころになって、うっすらとした夕陽が窓からさしこんでくる。その輝きが、平安をとりもどした心に微笑みかけてくる瞬間がたまさか訪れる。一か月に一度、二十日に一度、そして一週間に……。そんな瞬間が毎日あらわれてはこないか——と、そんなことを思いながら家路をたどることになる。

〔夜ごと繰り返す死と再生の儀式〕

日が暮れてわが家にたどりつくと、心身の疲労困憊が極に達している。足元がおぼつかなく、腰が立たなくなっている。あと、きょう一日のこされている時間は、それほど長くはない。風呂に入って食卓のまえに座りこみ、呆然と酒をのみはじめる。テレビをつけ、お笑い番組や歌番組に落ちつきなく眼をさらし、プロ野球をみて卓を叩き叫声を発している。この一日の最後の華やぎの時間がすぎるころ、私はすでに前後不覚に陥っている。テレビの映像と音声がしだいに遠のいていき、そのまま寝床にもぐりこむ。夢と熟睡への旅がもうはじまっているのだ。その旅立ちをまえにして、いざ、死ぬか、といったような気分になっている。白河夜船で櫂をこぎ、水葬行進曲がきこえている。

　私の一日をしめくくる「臨終の時間」がしずかに流れだしたのだ。死の休息への抗しがたい誘い、夢から熟睡への何ものにもかえがたい無の郷愁、といってもいい。そんなとき、もうろうとした頭に浮かんでくるのが「さよならだけが人生だ……」という、あの井伏鱒二の詩の一節だ。

　ここで、あまり気を廻さないでほしい。私は何も、早々に入滅したいなどといっているのではない。実際の涅槃のときは、もっとずうっとあとにのこしておきたい。さしあたっては、いまのべた熟睡の神秘ということについて少々語っておきたいのである。

　熟睡の時間とは何か。これがわかったようで、よくわからない。あるときのことだった。かたわらに眠っている連れ合いの顔の変化をみていて、思わず胸をつかれたことを覚えている。眠りが深くなるにつれて、だんだんに死の表情に近づいていったからだ。熟睡状態に入ったときは、ほとんど死者そのものの影がそこから立ちのぼってくるようだった。どうか、どなたでもお試しあれ。熟睡に入った人間の顔はほとんどデスマスクの表情を呈している。

　それにくらべれば、夢をみているときの顔はむしろ生き生きしていて愛嬌がある。歯ぎしりしたり、うわ言をいったりしているときの顔の表情も、まぎれもなく呼吸をしている人間のそれである。だが、いったん熟睡の敷居をまたいでしまったときはそうではない。人間は毎晩のように、熟睡の境界をこえることで死そのものを経験しているのではないか。やがて眠りが浅くなり、夢やうわ言の薄明界をくぐりぬけて目覚める。要するに、毎日のように死と再生の儀式をくり返しているのではないだろうか。おそらくわれわれは、この熟睡という死の時間をもっているがゆえに、生への活力を毎日のように補給することができているのであろう。もしも、この熟睡の深層ステージが存在しなかったとしたら、われわれの夢や覚醒のステージはものすごく不安定なものになっているはずだ。そもそも人間の意識を真に活性化しているエネルギーの根源こそ、じつはこの熟睡という死の時間なのではないか。

少々おおげさなもの言いになってしまった。そんなつもりはなかったのだが、一つだけそれにつけ加えていうと、あのフロイトは夢分析はしたけれども、ここで私がもちだした熟睡分析はやらなかったのではないだろうか。その手がかりさえつかむことができなかったようだ。そこがフロイトの心理分析の決定的な欠陥だったのではないか、と私は思う。右に紹介した「臨終の時間」を毎日のように楽しんでいるうちに、そう考えるようになったのである。呆然と酒をのみ、テレビを眺め、あとは酩酊しもうろうとなって、いざ、死ぬか、とつぶやく。そのときの何ともいえない法悦の気分は、何ものにもかえがたいのだ。林住期のあとにやってくる臨終期である。不良老年の自由ステージのあとにやってくる、究極の休息のライフステージである。

私はこれまで自分自身のささやかな体験にもとづいて、デカルトの時間、イエスの時間、ブッダの時間、そして臨終の時間、という四つの時間について語ってきた。朝起きてから夜寝るまでの時間を四等分してみたのである。労働にはげみ、疲労困憊し、あれこれ思いわずらってベッドにもぐりこむまでの時間である。仕事とつきあい、その仕事をときには突き放したり、折り合いをつけたりするための生活のリズムといってもいい。身体活動に平衡をとりもどし、そのはたらきをリフレッシュするための心の錬金術だ。その生命リズムにもとづいて毎日の散文的な時間の流れを切断し、身心の状態に快適な緊張感を与えるための、凡人なりの工夫である。その生命リズムが自然に身についたとき、これからあとの第二の人生がかなり異風な、そして桃源郷のような光景にみえてくるのではないだろうか、そう私は夢想しているのである。

じつをいうと、この私の四つの時間のアイデアは、さきにふれた古代インド人の四住期の考えに発するものだった。その四住期構想のなかで私の心の琴線にふれたのが、第三ステージの「林住期」である。その林住期的人生段階を自分自身の生活のうえに表現するとしたらどうすればよいか、というのがことの発端だったのだ。

私の個人的な四つの時間は、インド人の古典的な四住期的時間論の転用だったわけである。そう考えたとき、私は心の底に沈んでいたオリのようなものが、みるみる融けていくような気分になった。デカルトもイエスも、すごく身近な人間に思えてきた。瞑想中のブッダも涅槃するブッダも、とても他人ごととは思えなくなった。ひょっとするとデカルトもブッダのように瞑想することがあったかもしれない。イエスはイエスで、ゴルゴタ登山の真っ最中にデカルトのように雑念妄想と遊びたわむれていたかもしれない。かれらもまた、本当のところは聖人のように、そして俗人のように生きていたのではないか。つまりは林住期的な時間をたっぷり楽しんでいたのではないだろうか。

[自覚的に林住期を生きる]

林住期とはそもそも、放恣《ほうし》な想像力のなかで生きる時間なのである。そのような何ものにもとらわれない時間を発見した古代のインド人に、私は驚かされる。胸をつかれる。しかしよくよく考えてみると、それは何もインド世界にのみ固有の現象ではなかったのではないか。われわれのこの日本列島においても、そのような林住期を生きた面白い人間たちがたくさんいたからだ。たとえば西行、そして芭蕉がそうだった。鴨長明や良寛なども逸することができないだろう。宮沢賢治、種田山頭火……。

西行は二十四歳で妻子を捨て出家をしているから、早々に家住期に見切りをつけたといっていい。だがかれは、歌の道は生涯手放さなかった。そのうえその行動を子細に追っていくと、妻子との交流を絶っているわけでもなかったことがわかる。宮仕えした時代の宮廷の女房たちとも、和歌を通してのつきあいをこまめにつづけている。伊勢におもむいて、神官たちを相手に和歌の手ほどきをしている。七十歳になってからは、砂金の勧進のため奥州の藤原秀衡のもとまでおもむいている。平氏の焼き討ちにあった東大寺を再建するための、寄付金募集の旅だったのだ。

北面の武士というエリートコースを捨て去ったあとの西行は、じつに楽し気に世の中を渡っていく。好きなことは何でもやってやろうという意気ごみだ。女房たちと和歌の贈答をくり返すなど、ほとんど不良老年すれすれのところで自在に生きている。第二の青春を生きているのである。おそらくそれだからであろう。晩年になって、自分の歌が藤原俊成や藤原定家によってほめられると、涙を流して喜んでいる。不良老年を生きる西行の心に、童子のような純真が宿っていることがそれでわかる。

それだけではない。死期を悟るのも早かった。七十二歳になったとき生命の衰えを感じたかれは、秋の訪れとともに南河内の弘川寺の裏庭に庵をつくった。死につくための庵である。年が明け、身心の最後の調整にはげむ。おそらく木食《もくじき》精進によって穀物や塩を断ち、自分のからだを枯れ木のようにしていったのであろう。やがて桜の季節が近づいてきて、またゆっくり断食の段階へ身をすべりこませていったのではないか。おそらく、その段階ではもう水しか飲まない。あとは、満月の夜を迎えるばかりだ。やがて、その日がやってきた。旧暦二月の「望月」のころだ。その日、夜を徹して念仏を唱え、天空を移動する満月を仰ぎ見ながら、最期を迎えた。「願わくは花の下にて春死なむ……」とうたっているように、浄土に飛び立っていった。それを大往生と呼ぶか、あるいは林住期的自死と呼ぶか。自死と、誰にも悟られなかったところが、西行のにくいところだ。達人の最期といっていいだろう。華やかな林住期をきわめ

●

て貪欲に、そして自覚的に生きぬいた男、それが西行だったということがわかる。

芭蕉も、そうだった。西行が和歌を手放さなかったように芭蕉も俳諧一筋の道をすすんで、いつも旅の途上にあった。西行のあとを慕ってみちのくの世界にあこがれ、「奥の細道」をのこしたことは誰知らぬ者もいない。かれの眼前にはすでに、中世以来の遁世者たちの太い流れができあがっていた。その系譜のなかでひときわ抜きんでていたのが西行だった。その西行の人間としての個性にふれて、芭蕉は「定家の骨、西行の筋」ということをいっている。これは定家と西行の歌の本質を比較して比喩的に表現したものであるが、むろんそこには人間の対照性が巧まずしていいあてられている。が、とりわけここでは「西行の筋」といっているところが面白い。というのも、そのいい方のなかに、諸国を遍歴しぬいた人間の足腰の筋力についての批評が含まれているからである。

真の林住期を生きようとする人間はまず足腰を鍛えておけ、ということだ。遊行遍歴をおいてほかに林住期を支える身体的根拠はない。たとえばその根本的条件を、さきにふれたように私がルンビニーで出会ったカトマンズの商人が満たしていた。ブッダもその誕生の地から伝道の最前線まで約五百キロの道を歩いている。ついでにいえばイエスは、ナザレの地からガリラヤ湖、そしてヨルダン川沿いにエルサレムの聖都にいたる約百五十キロをみずからの足で歩いている。林住期から遊行期にいたる黄金の道は、ひたすら歩く筋力の運動とかたく結びついているのである。

その「西行の筋」にあこがれたのが、まぎれもなく芭蕉だったのだと思う。そのあこがれはやがて、あろうことか乞食になりたいというぜいたくな願望へと高まっていった。身に拄杖《しゆじよう》と鉢のみをたずさえる乞食、である。そのことを芭蕉はくり返し告白している。そしてそのはてに、門づけ芸人のような乞食の境涯に行きつくことを夢見ていた。弟子たちから芭蕉の鉢を贈られ「芭蕉の翁」とたてまつられたとき、いや、そうではない、自分は一介の「乞食の翁」だと答えている。そういうところにもかれの乞食願望が顔をのぞかせている。「こつじき」から「こじき」への道である。そのときにこそ、林住期的な法悦の瞬間が訪れると思っていたにちがいないのだ。自分の運命の、もう一つの可能性である。そのためであろう。自分のもう一つの旅日記に「野ざらし紀行」と名づけている。そこにもかれの乞食願望がすけてみえる。「野ざらし」とは「しゃれこうべ」のことだからである。旅に病んで、最後は白骨となって果てるのだという。だが芭蕉は、本当のところではその究極の「乞食」にまで行きつこうとは思わなかったようだ。そこまで行ってしまえば、たんなる生ける屍になってしまうと思っていたのかもしれない。

現在の自分を、ああ、今こそおのれの林住期だ、と自得すればよいのだ。そうあきらめてしまえば、たちまち想像が想像を呼ぶ。幻想が幻想をつむぎだす。果てもない宇宙的な歓楽が眼前にひろがる。そこには旅の空の不思議がみちみちている。西行の自在な行動も、芭蕉の乞食願望も、みなその不思議な体験に発している。

要は、専門人という偏った人生軌道から離脱し、おのれの運命を可能性の海に投じてみるということだ。そのとき、おのれの足下にえもいわれぬ豊穣な時間が流れていることに気づくことになるのであろう。

（『論座』一九九九年十二月号、朝日新聞社）

＊

以上私は、ひとり言のような夢想を気ままに語ってきた。「林住期」を生きるための思いつきのようなものだ。もっとも、その思いつきを思いつくまでには結構長い時間がかかっていたのであるが、しかしときに心づくことがないではなかった。そういう「林住期」を積極的に生きている仲間が、この現代の日本列島のどこかにたくさん存在しているだろうということだった。それぞれの個性的な人生経験を逆手にとって、あっと驚くような林住期の楽しみを探りあてた人びとがいるにちがいないと思ってきたのである。

そういう仲間たちと連帯したい、ともに肩を組みたいという願望がしだいに胸をつきあげてきたのだった。それからしばらくしてからだった。いや、本当のことをいえば、かなりの時間が経ってからだった。たまたま「太郎次郎社」という面白い名前をもつ出版社の永易至文さんから、魅力的な林住期を生きている人びとの体験をつらねて、新時代の道しるべのようなものを出してみませんかという話が飛びこんできた。

それはまるで、山の中に入ってひとり言をつぶやいていたところ、突然、大きなこだまが返ってきたような出来事だったのである。それで私は思わず、否も応もなくそのこだまに飛びついたのである。時を移さず永易さんと二人三脚を組み、「人探し」がはじまった。それが思いもかけずいろいろな奇縁にめぐまれ、ここにそれぞれ固有の林住期をみごとに生きておられる五人のかたがたの登場を迎えることになったのである。

本書をお読みいただければただちにおわかりいただけると思うのであるが、お一人お一人の文章がじつにユニークな体験に彩られている。味わいも深いし、面白さも格別である。私はそれらの体験記を読みながら、ともに涙し、ともに共感しつつ、これまでの自分自身の人生と重ね合わせていたのである。

その五人の執筆者のうち美谷克己さん、成松幹典さん、三橋尚伸さんは私がすでに存じあげていたかたがたであるが、叶治泉さんは私の友人のつてでお願いし、足立紀子さんは永易さんの知人のご紹介でご登場いただくことになった。それらと私のぶんとを合わせて、六人の林住期体験記をこのような形で編集することになったわけである。

思いもかけない偶然が重なり、珍しくも幸運な出会いを手にすることができたというほかはない。今はただ、われわれのこの幸運な出会いがさらに新たな出会いをふくらませ、林住期を楽しむ人びとの環がもっと大きくひろがっていくことを希うばかりである。その意味においても、以下に掲げる五人のかたがたの「林住期」体験を心ゆくまで味わっていただきたいと思う。

「林住期」を生きる

直耕の民として後半生に臨む

生きる足場は農と炭焼き

美谷克己

[四十歳の身をとらえた憤懣]

私たち(当時は夫婦と小・中・高の子どもをあわせた五人)が、都会を離れて山に住みはじめたのはいまから十五年ほどまえのことである。

話は一九八三、四年(昭和五十八、九年)ごろにさかのぼる。そのころ私は、京都と大阪の中間にある高槻市に住んで、京都市内にある出版社で働いていた。いくつかの職業を経たあと、仏教書を出版する会社に勤めて七、八年たち、仕事もそこそこなせるようになっていた。しかし、「不惑」であるはずの四十歳の声を聞くころから、その言葉とは裏腹に猛烈に惑いはじめることとなった。その根底にあったのは、自分自身および外部に対する「漠たる不満」、ほとんど「憤懣」といっていいような気分である。自分自身の身体的・心理的な状況としては、このごろの平均年齢である人生八十年のちょうど折り返し地点ともいうべき四十歳になったということからか、「このままむざむざと老いてしまっていいのか」という思いが惑いをもたらした。

のちに述べるように、この閉塞状況を打開する方法としては百姓をやるしかないという気持ちが強くなってきていたから、体力的にみても四十歳というのは本気で農業に取り組むためには限界年齢であるように感じていた。

さて、その「憤懣」の中身であるが、そこに至る精神の軌跡を少し述べねば理解していただけないかもしれないので、自分史めいたことを少し……。

発端は、その当時から数えても四半世紀ほどもまえのことになる。大阪市内のリベラルな校風を保っていた高校に入学したとたんに一九六〇年の安保闘争の洗礼をうけて、自己と社会との双方に対する自覚的な意識を持ちはじめる。それ以来、生活年齢や知識におうじてそれなりに増殖し変化しながらもずっと抱えてきたいくつかの思想的モチーフとでもいうべきものがある。それは、大きく集約して言えば、資本主義経済にもとづく現代日本の諸システムの変革という「外部」の問題と、自己の生きる根拠の空無感の克服という「内部」の問題ということになろうか。そして、この二つは、私というひとりの人間の身の上に起きているということにおいて、当然ながらひとつの事柄である。

青年期以来、基本的な発想の枠組みはマルクス主義思想だったが、そうはいうものの「科学的社会主義」者でも「空想的社会主義」者でもなく、いわば「夢想的共産主義」者とでもいうべき状態であったから、とくに何らかの政党や集団に所属して活動してきたわけではない。そのゆえにかもしれないが、実践的に有効な思想を構築することはできないままの「さまよえる夢想家」であり続けざるを得ないできた。六〇年安保闘争以後の政治的退潮期に大学（東京大学文学部）ではフランス語を学び、実存主義、シュールレアリズムからのちに「ポストモダン」と呼ばれる思想まで、ごった煮のような思想状況でいわゆる「東大紛争」に遭遇する……。

さまざまな思想潮流が現れ、そして消えていった。ニーチェからフッサール、ヴィトゲンシュタインに至る「明証性」「妥当」にかんする論点を、理解できぬまでも問題の所在ぐらいはわかった。「記述された思想」が同時に「行なわれる思想」であるような、言葉で表現されただけでなく肉化された思想、そういうものを私は私なりに求めていた。

一方で、比較的早い時期から仏像彫刻への関心を趣味的に抱いていたのであるが、しだいに仏教の思想そのものにも目が向くようになり、思いのほか深く確かな世界があることを知った。そうこうするうちに、仏教書の出版を仕事とすることになったこともあって、手当たりしだいという感じで濫読を続けるなかで、自分が求めている「根源的批判の立場」を仏教思想に見出すことができるような気がしてくる。ただ、それとともに、現実の教団仏教・寺院仏教の退廃ぶりも否応なく知らされることにもなるが。

そうして先に述べたような「四十歳の惑い」に逢着するわけである。ことここに至れば、ふつうなら禅寺で坐禅に打ち込むとか、あるいはもっと徹底するなら、出家してしまうという道がある。がしかし、出家して僧侶になるということに関しては、現実の僧侶や教団の実態を見聞きするにつけ、その欠点ばかりが目についてどうも気が進まない。また、青年期以来の「共産主義者」の思想的尾骶《びてい》骨のなさしめるところか、生産から切り離された社会の寄食者としての僧侶という存在形態そのものに納得がゆかないところがある。(もっとも「一日作《な》さざれば一日食らわず」といった百丈懐海《ひゃくじょうえかい》のような禅僧も例外的に存在するのであるが。)

[安藤昌益の思想に導かれて]

出家することには気が進まない一方で、濫読のなかで出会った安藤昌益の思想には強く惹かれるものがあった。彼の著書『自然真営道《しぜんしんえいどう》』のなかの言葉、「難行苦行《なんぎょうくぎょう》をせんよりは、なんぞ直耕《ちょっこう》して自然《じねん》の真行《しんぎょう》をせざる」はとりわけ新鮮だった。「直耕」とは昌益独特の用語であるが、文字通り「ただ耕すこと」である。それを宗教における「行」としてとらえて「自然の真行」というのである。すなわち、わざわざ求めて難行苦行などせず、ただ耕すことを行とすればよい、というのだ。昌益の口吻にはいささかの皮肉もあるのだが、私としてはこれを素直に受け取った。(彼は仏教そのものに対しては口を極めて痛罵している。それは基本的には当時の堕落した江戸時代の仏教を通じての理解によっての話であるが、本質的に的を射ている。)

私は、ここに自分が直面してきた思想的な行き詰まりをうち開いてゆくものがあることを感じた。先立つ何者にも依拠しない、突き抜けた自立性というものがある。これは既成の宗教にはないものだ。(道元の「只管打坐《しかんたざ》」には似たところがあるが、「直耕」に比べれば、それ自体みずからの身を養うことができない点で、まだ非自立的だ。)

本来、いっさいのア・プリオリ(先験性)を排除することが釈迦仏陀の思想としての仏教であるにもかかわらず、それ以後の仏教の歴史のなかではむしろさまざまなア・プリオリをつぎつぎと生みだしつづけ、それらの優越性を競い、そして「どれかを選ぶこと」を仏教の本質にしてしまった。この倒錯を再転倒させるためには、昌益が「自然の真行」と呼んだところの直耕を「行」とするような宗教をみずからが求めてゆくことしかあるまい、と私は考えたのである。このとき私は既成の仏教の枠組みをはみだし、ふつうの意味の宗教をもオーバーランしていたかもしれない。

しかし、既成の枠組みにとらわれる必要はない。自分自身が心底から納得のいく「宗教」を見出すことこそが重要なのだから。宗教とは、もっとも広く定義すれば、「自己と世界にかんする価値観の体系」ということができるが、それをたんに対象的に記述するだけでなく、その実行をみずからに要請する。自分の青年期来の関心である社会的不正義・不平等、搾取・階級の廃絶という「外部世界」の問題と、それを実践しようとする自己の内面の問題をも含んでいた。

外部世界なしには個というものは個たり得ない。外部がなければ内部もまた存在しない。人生いかに生くべきか、自己とは何か、といったいわゆる「己事究明」は、たんなる個人の人格の内部での葛藤や自己変革でなく、外部（=他者・社会）との関わりにおいてはじめて問題になる。私にとっては、自己変革を離れた社会変革はなく、社会変革にかかわらない自己変革もない。

さて、その外部（社会）であるが、ふつうには、資本主義社会は資本と労働の階級対立を基本的な矛盾としてそこからさまざまな問題が派生するとされている。しかし、安藤昌益は、額に汗してみずから耕す「直耕の民」と、耕さずむさぼり食う「不耕貪食《ふこうとんしょく》の輩《やから》」の対立が人の世の基本構造であるという。そういわれてみれば、現代の世界においても、かつていわれた〈労〉〈農〉の提携よりもむしろ、資本と労働が共同で〈農〉を搾取する仕組みができあがっているのではないか。先進諸国による第三世界の支配と収奪であり、国内的には労資提携（都市）による農村（自然）の支配・抑圧である。そうしてみれば、農業は現代日本のなかに食い込んだ第三世界であり、そこに現代の矛盾が集約的に現れているのであって、そのもっとも過酷な現場が過疎の山村なのではないか。

しかしこの関係は、たんに被搾取・被支配というだけでなく、半面、ヘーゲルのいわゆる「奴隷と主人」のような状況、すなわち、主人の命令で「もの作り」をさせられる奴隷が労働を通して自己実現をはかり、「もの作り」から切り離された主人が自己疎外に陥るという、ある種の逆転もあるから、事情は単純ではない。

当時、世間は庶民にいたるまで「一億総中流」とおだて上げられて、のちに、あれはバブルであった、とあっさりひっくり返されることになる喧噪のさなかにあった。私は、格別バブル崩壊を予見していたわけではないが、こんなバカ騒ぎにとてもつきあっておれない気がして、むしろ現代日本のひとつの底辺ともいうべき過疎の村で暮らすことで「自己と世界」「内部と外部」をもう一度、根底的にとらえなおすための「根源的批判」の立脚地を求めていた。

仏教との関連でいまひとつ、「行」について述べておかねばならないことがある。それは、比叡山の僧・堀沢祖門師に教えを受けた「呼吸禅」とでもいうべき簡便な坐禅の方法である。

堀沢師は戦後間もなくのころ、京都大学の学生のときに出家して天台僧となり、「十二年籠《ろう》山《ざんぎょう》行」という、これは文字通りの難行を果たしたにもかかわらず内心に本当に満足がいかず、単身インドに渡りヨーガなどの行法も身につけてきた人である。師の宗教家としての歩みの跡を一冊の本(『求道遍歴──十二年籠山行、そしてその後』法蔵館刊、一九八五年)にして出版するという仕事を通じて、親しく交際を得ることとなったのである。師が、さまざまな試みのすえにもっとも簡便な方法論として提唱していた坐禅がその方法であった。

数を数えながら(＝数息観《すそくかん》)ゆっくりと腹式呼吸を繰り返す点では伝統的な坐禅と同じなのであるが、もったいぶった儀式性を払拭している点やひじょうに強い腹圧を用いる点などが普通の坐禅とは印象を異にしていた。それは宗教的な行というより、むしろ心身の健康法に近い感じである(ちなみに、師がみずから「呼吸禅」と称したことはなく、私が勝手にそう呼んでいるだけである)。私にはその禅法は肌が合うような気がしていたから、師の住坊である坂本の泰門庵《たいもんあん》での坐禅会や初期仏教の勉強会などにしばしば参加した。

[久里須の里で家探し]

さて、過疎の山村で暮らそうといってもその具体案となると手がかりはない。私も妻も大阪の町中で生まれて育った人間であり、田舎暮らしの経験も知識もまったくないに等しいものだった。そんなときに、たまたま仕事を通じて知りあった富山県の寺の住職が相談に乗ってくれた。どうしてわざわざ雪深い北陸を選んだのかということをしばしば訊かれることがあるが、先に述べたように、「行」として取り組むのであるから、自然条件の少し厳しいぐらいのところのほうがいいように思っていたのである。

進行中のいくつかの仕事にいちおうの始末をつけるのに半年ほどもかかり、昭和六十年(一九八五年)春、家族五人で富山県へ移り住むことになったが、ことはなかなか順調には運ばなかった。山で暮らすための最大の問題である住家については、当初、五十戸ほどの集落にある古家を買い取る話がまとまりかけていたが、ぎりぎりになっての相手方の一方的な値上げ要求のために破談となる。いまさら計画を中止もできず、最初の一年間は平野部の町のなかにある件《くだん》の住職の寺に一家で寄宿して、あらためて「入植地」を探すことにした。

その間、うまい具合に四月から九月までの半年の間は大工の職業訓練所へ通うことができた。これは労働省所管の正規の職業訓練所であり、車かバイクで三十分ほどの小杉町にあった。建築・造園・溶接・事務などの所属科があり、訓練生は二百人ほどもいたのではないだろうか。私は建築科に入り、ノミやカンナの研ぎ方から始まって、いちおう小さな小屋程度なら建てることができるようになるための技術を教わったのである。授業料は無料であるし、失業保険金の支給を受けながらの訓練だったので経済的な不安もなく、いま思い出してもこの半年間はじつに楽しい修学期間であった。このとき身につけた技術や知識はのちに古家の改修に大いに役立つこととなった。当初話が進んでいた家の売買交渉がダメになったおかげで、こうした有用な回り道をとることができたことになる。

また、訓練所通いと並行して、住職の紹介で知りあった山間地の農家に頼んで二十アールほどの水田を作らせてもらうことにした。隣りあわせの田を世話することで仲良くなったキゾウ(屋号)のばあちゃんには、田植えから除草・水管理といった米作り技術のほか、野菜つくりなどについても昔ながらの百姓仕事の手ほどきもうけていた。

●

こんなことで、この最初の一年間は「山の暮らし」の準備期間ともいうべきものであったが、期せずして通勤しながら朝夕や休日に田畑の世話をする兼業農家の疑似体験をすることにもなった。そのかたわら山中の空き家を探してまわり、最終的に能登半島の付け根ともいうべき位置にある小矢部《おやべ》市久利須《くりす》という集落に決めたわけである。標高はちょうど二百メートル。斜面の途中にできた小さな平坦地(押し出し地形)にへばりついているような数戸の集落を、西から北をぐるっと高さ三百メートルほどの山が取り囲んでいる。その稜線の西は加賀、北は能登である。実際、すぐ近くに「加越能(加賀・越中・能登)」の分岐点である「三国山」がある。

私が、山中の空き家を探してこの久利須を訪れた当時は、住戸は三軒で住人は全部で六人、それに納屋を改造した山荘が一軒あって、都合「三戸半」の集落であった。往時はこの集落には、十数世帯、たぶん五十人以上もの村人が住んでいたであろう。木造二階建て瓦葺きの、いかにも山の分教場といった感じの分校もあった。(一番下の娘が小学生だったことから、この分校を再開してくれないかと行政に打診したことからちょっとした騒動が起こることになるのであるが、その話は割愛する。)空き家の情報を教えてくれた地元新聞社の記者氏は、「いま住んでいる三軒の家もいずれは山を出ることになるんじゃないか。そうすると美谷さんとこだけ残ることになるかもしれない」などといっていたのだが、まんざら脅しだったわけではないようだ。

結局、十年以上空き家になっていた家屋を譲り受け、秋から翌春まで半年がかりでほとんど自力で改修することにした。訓練所で習い覚えたばかりの大工仕事のほか、電気工事からちょっとしたタイル貼りや配管工事など、各職方の仕事も自分でこなすこととなった。翌春にはいちおう住めるようになったので、一家五人(と猫一匹、犬一頭)で引っ越し。こうして私たちの山の生活が始まったわけである。

[田んぼに杉を植えさせる減反政策]

山で暮らし始めて、まず米と野菜の自給のために田畑を借りなければならない。久利須はその昔、十数世帯の人口を養っていた土地であるから、傾斜地ではあるが、田畑は十分にある。家の裏手の坂を百メートルほどもあがって行くとすぐ田んぼになる。もちろん棚田であるが、東南に開けた村のもっとも主要な農地である。ここに何枚もの休耕田がある。そのうちの一枚が一反(十アール)ほどもあるのがあって、日当たりはいい。持ち主はもう山を出ていった人であるが、そこを借りて畑として使うことにした。

本当は水田として使えればそれがいいのであるが、隣接した田を村の人が耕作していて、水利が十分でないことや、われわれが無農薬でやるつもりであることなどが障害となって、田として使うのは難しい。そのため、ここは畑として使うことにして、葉もの実ものの野菜はもちろん、イモ類、大根・人参・ゴボウなどの根菜類、豆類などを作ることにする。自給が主目的だから多品種少量栽培である。

この畑に加えて、所有者が同じで、やはり水田として使われなくなった耕地二アールほどもあわせて借りることにした。賃料は年間五千円。田畑の賃料(小作料)については、地元の農業委員会が定めた基準があり、ふつうの(現に耕作されている)耕地については、その生産性や作業条件の良し悪しなどによって若干、違いがある。当時、水田の場合だと反あたり米二俵だとか一俵半だとかいわれていた。(一俵は玄米で六十キロ。実際に米で物納する場合と、政府買い上げ価格に換算してお金で支払う場合とがある。)

われわれの借りた畑の場合は、小作料や借地料というより、当該耕地の所有権を確認するための証拠金といったものであろうかと考えていた。というのも、だれも耕す人がいなくなって荒れ果ててしまう(このあたりでは「田んぼを荒らかす」という)よりも誰かが何かを作っていることで耕地として維持できるし、経済的にも、いちおう「転作田」の扱いになり、幾ばくかの転作補助金が国庫から所有者に支給されるからである。

米作りについては、車で三十分ほど通って入植まえから実習させてもらっていた田んぼで続けることにしていた。せっかく仲良くなって、昔ながらの農作業のやり方をていねいに教えてくれていたキゾウのばあちゃんも喜んでくれる。しかし、それはそれとして、やはり家の近くにも田んぼがあるにこしたことはない。移住した当座は土地勘をつけるためもあってよくあちこち歩き回っていたのであるが、そんな私を見て向かいの一人暮らしのおばあさんが、「なにをしとるね？」と尋ねてきた。このおばあさんには移住まえの半年におよぶ家の改修中も、いろいろ世話になった。とりわけ冬になってからは弁当を食べるのに火の気のない改修現場では寒かろうと、家のなかへ招いてくれて、熱いみそ汁を作ってくれるなどしてもらったのである。「どっかに荒れたのを再開発してやれる田んぼがないかと思って」とこたえると、

「シンバタケに、うちの荒らかしたままになっとる田んぼがあるから、あれをやるこっちゃ」

という。

教えられて、集落から林道を通って一キロほど離れたところにあるシンバタケなる地名の場所へ行ってみる。名称からしてたぶん、村の耕地のうちでも比較的新しく開墾してできた耕地だろう。南を向いた斜面に、延べ十枚以上の水田が（正しくいえば水田跡が）何段にも重なっている。面積は全部を足せば二ヘクタール近くもあろうか。およそ半分ほどの田には杉が植えられている。そのほかは荒れるにまかせた耕作放棄地で原野に還りつつあるというのが一目見ての印象である。

米あまり対策として行なわれた減反（米の作付け面積を減らすこと）政策のことは聞き知っていたが、それは水田に米を作らない、あるいは畑作をする（転作）ということだと理解していた。だから「永年転作」という名で田んぼに杉が植えられているのを見たときには、こんなことまでやらせるかと、暗然たる思いにとらわれた。

植えられた杉は、その育ち具合からすれば十年以上たっている。それ以外の、なにも植えら

れず耕作を放棄された水田跡は一面のカヤ(茅)原である。夏になると背丈よりも高く茂って、人の姿も見えないほどであった。また、ウツギのような灌木はもちろん、ネムノキなどの喬木も生えていて、直径十センチ以上にもなっているのもある。ただ地盤が水平なことでかつては水田であったことが辛うじてわかるのみで、ほとんど原野に還りつつある。

向かいのおばあさんのいうところの田んぼもやはりそうした荒廃田である。なぜ杉を植えずにきたのかといえば、近くの集落に住む跡取りさんが耕作するつもりでいたのだが、仕事で事故に遭って体をこわし、田んぼ仕事は無理だろうとなって、放置したままになっているのだという。この原野状態の(元)水田を三枚、合わせて二反ほどを借りて元の通りの田んぼに復活させることに挑戦することにした。米作りそのものは先に述べた車で三十分の田でできるのだが、当時から山のなかのあちこちにある荒らかした田んぼ(「耕作放棄田」という言葉が一般的になるのはもっとのち、九〇年代のこと)を復活させてゆくというのはおもしろい試みだろうと思ったからである。

水田の復活の要点は二つ。土地の再開墾と用水の確保、である。たまたま様子を見にきてくれた農業改良普及所(県の機関で、各種の農業の技術や経営の相談に乗ってくれる)の職員も、現地を見てあまりのすごさにややあきれ顔であった。カヤを退治するのにラウンドアップという除草剤をつかってみたらどうか、とか、水稲でなく陸稲《おかぼ》なら水の心配なしでやれる、とかいった程度のアドバイスをしてくれるだけだった。

［ムラには一徹な山の仕事師がいる］

このときもっとも適切にアドバイスをしてくれ、みずからも手伝って、再開発事業に協力してくれたのは、四キロほど離れた森屋という集落の中川平治《へいじ》さんという人であった。農作業全般は、先に述べたキゾウのばあちゃんこと中山ゆきささんに教わり、炭焼きについては後に述べる「ムカイのおじじ」こと田畑安太郎老を師匠としたのであるが、山の暮らし全般にかんする技術や知識についてはこの中川平治さんに負うところが多い。中川さんは、このシンバタケの再開発も仕上がらぬうちに事故で亡くなってしまうのだが、私にとっては忘れがたい人である。

中川平治さんは、時流に押されて炭焼きを断念して壮年期の二十余年を工場に勤めていたのだが、定年退職を間近に控えたころ、私が山中の家をひとりで修理しているところを訪ねてこられた。退職後の仕事として、技術的には自信のある炭焼きを再開したいと言って、ことに販路の問題について意見を求めにきたのだった。

隣人が氏のことを評して、「馬をつれて谷を渡ろうとして馬がしり込みをすると、馬を背負ってでも渡ろうかという人」というような一徹な人であり、「宮島地区(合併前の旧村名)で一番よく働く人間」と自他ともに認める人物であった。工場勤めの期間も、夜勤を終えて帰宅して

●

仮眠もせずに山へ入り、植林・下刈り・枝打ち・雪起こし(雪で倒れた苗木を春に縄をかけて起こすこと)といった山仕事を黙々と続けたという。小柄な体格のどこに秘められているのかと思うほどの腕力と持続力とを兼ね備えた人であった。私がシンバタケの再開発に取り組んでいることを知るや、すぐさま草刈り機を携えてやってきて、まるで自分の仕事のように懸命に働くといった人であった。野焼きに始まる荒れ地の開墾方法、木々の名前とその特徴、炭窯の築造法などなど、じつに多くのことを私は中川さんから教わった。

中川さんの事故の詳細は紙幅の都合で触れることはできないが、当時、私のほうは主にシンバタケの開墾や水路の確保に取り組み、中川さんは自分の炭焼き小屋とカマの築造にかかっていた。私もいずれ自分のカマを造る予定で、その見習いを兼ねて中川さんのカマづくりを手伝っていた。なにしろ「ものごとには大きすぎて困るちゅうことはないもんじゃ」を持論にするような人だから、最初に計画したときには出炭(生産)量が百俵規模のカマを考えていたが、奥さんの反対で渋々八十俵ガマに縮小したくらいのもので、それでもこのあたりのふつうの規模の倍の大きさのものだった。

小屋の立地は、山のなかとはいえ観光客や林業関係者もよく通る幹線道路に面していたから、小屋の建造中から人びとがよく立ち止まってのぞいていったが、それらの人たちに、上機嫌でいちいち応対し、炭焼きのことやカマの造り方などを説明していたものだった。そんな最中の事故であった。

［カヤを刈り、水を引き、田を復元］

さて、耕作放棄田の復原の要点は、先に述べたように再開墾と水の確保である。再開墾については、先述のように中川平治さんが立ててくれた方針に従った。なにしろ氏は荒廃田の復活どころか、山野を切り開いて耕地にする本当の開拓の経験ももっている人だから、たちどころに方針を決定して、率先して草刈り機でカヤの切り倒しにかかってくれた。

除草剤など使わず、カヤや立木を切り倒し、焼き畑の要領で焼き払う。地面から盛り上がったカヤの株をトラクターでできるだけ壊す。十年以上にわたってはびこったカヤの株は巨大かつ強靭で、トラクターのロータリー（回転刃）くらいでは掘り起こすことなどはできないが、なるべく株を痛めて新しいカヤの芽が出るのを抑えようというわけだ。さらに、とびきり大きな株は、開墾グワという、ツルハシを平たくしたような丈夫な鍬《くわ》を振るって、人力で時間をかけて崩してゆく。はびこった数十ものカヤの株との格闘である。

灌木や、直径十センチほどにもなったネムノキなどは、さしあたって切り倒すだけにして切り株まで掘り起こす手間はかけない。（そのために、水田に復原なったあとも数年の間は、それらの切り株が島のように田面《たづら》のなかに残っていたものであるが、しだいにひとつ二つと消滅して、五、六年経ってようやく姿を消してしまった。）そうして焼き払ったあとには小豆を播く。まずは畑として使ってとにかく何か作物を作ればカヤや雑草に対抗できるのだと中川さんはいう。これが初年度の夏のことであった。ちなみに、十年間以上のカヤの堆積が効いたのか小豆は豊作で、秋の終わりごろには中川さんと二人で収穫に大わらわだった記憶がある。

耕地のほうはこれでいいとして、今度は用水の確保である。これがまた難題だった。もちろん、元来が水田であるから、かってはきちんとした水路はあったのであるが、十年あまりも使わないうちに土砂に埋もれてしまったのである。山の田の用水というのは、谷川から直接、あるいは谷川をせき止めたツツミ(堰堤)から、水を引いているのであるが、山の斜面(というより、もう「崖」に近い)の途中を縫うようにして延々と、人ひとりがやっと歩けるほどの幅の水路が造られているのである。長いものだと二キロ以上にも及ぶものもある。こんな用水を見ると、先人の米作りへの執念のようなものを強く感じるのである。

こうした水路は、毎年水を通して管理していてこそ維持できるもので、使わずにいると、崖から落ちてきた土で埋まったりモグラの穴から漏水したりして機能が損なわれてしまう。このシンバタケについても、十年以上も管理されないまま放置され、おまけに、その期間に、水路の通っている上に当たる部分で林道工事が行なわれたために全長にわたって土砂が落ちてきたようだ。その対策としてポリパイプと呼ばれる直径二十センチほどのプラスチックの管を水路に敷設してあったが、その管自体がつぶれてしまってまったく役に立っていなかった。

崖を上がり下りし藪をかきわけて水路跡を探し、谷川をさかのぼって水源のツツミにたどり着く。ツツミは、土砂やヘドロで浅くなり、土手も壊れて放流しっぱなしになっているから貯水量はさほどない。しかしこのツツミの水を、一キロほども下のあの再開発田まで「連れて」ゆかなければ水田にはならない。

ツツミから流れ出す水を取るために、下流に小さな堰を造って取水口にして、そこからポリのパイプをはわせて林道の側溝まで導く。土砂で埋もれてしまった水路の代わりに上の林道の側溝を利用して田の上方まで流す。うまい具合に、この側溝の排水路が崖を下ってゆく途中で元の水路と交差するので、そこから先の部分だけ元の水路を復活させてやればいい。そして、最後に田へ通水するのはやはり直径六センチほどのポリパイプ。

こういう経路でようやく田んぼまで水を通したのが翌年の春。耕耘機も向かいのおばあさんの家のものを借りて、ともかく耕して水田復活への挑戦である。原野に還りつつあったわけだから田の地盤はザルのようになっていて、そのままではいくら水を入れても溜まらない。すこし水たまりができたら耕耘機でこね回して泥田にしてザルの目を詰まらせる。そうするとまた水が溜まり始めて、もう少し大きな水たまりができる。また耕耘機でこね回して泥田を拡げる……。この繰り返しで、水を溜めては耕耘機を押し、つぎに水が溜まるまでほかの作業をして、溜まったらまた耕耘機を押すといった調子で、何日もかけて少しずつ泥田を拡大する。最初は半信半疑で見ていた村の人たちも「辛抱は金じゃ、がんばられ」と励ましてくれる。こうして、半月以上もかかってようやく一反足らずの田んぼを水田にすることができた。

当初、一枚の田だけでも、と思って水を入れたのであるが、思いのほかうまくことが運んで勢いに乗り、もう一枚も水田化に成功。(残り一枚は畑の状態のまま翌年へ持ち越す。)こうして、シンバタケの再開発事業をやりとげたのだが、この成功のおかげで耕作放棄田とみれば再開発してみたくなる。

ちなみにこの田の賃料は、うまく水田化できるかどうかわからないので、はじめの三年間はタダにしてもらい、その後は年間一万円を支払っている。

農地の確保について少し詳しく書いてみたのは、荒廃し原野に還りつつある山村の耕地も、いまならこうして畑なり水田なりに復元できることを示してみたかったからである。

[現金収入は炭焼きで]

さて、こうして食と住は確保できるにしても、学齢期の子どもを三人も抱えているのだから、幾ばくかの現金収入が必要である。山での生活を始めてからの経済について、それほど明確な展望を描けていたわけでもない。さしあたって当分の間は、それまで勤めていた出版社から外注してもらうようなかたちで編集企画や校正といった仕事を回してもらう話にはなっていた。しばらくはそういう「都市生活」の尻尾をひきずりながら、いずれ有機野菜の産直とか自然卵養鶏とかで収入を確保する道をつけようと、漠然と考えていた。

そうしたときに、たまたま「炭焼き」という仕事に出会ったのである。このごろは炭がちょっとしたブームとでもいうほどになって、私のことも最初から炭焼きをしたくて山へきたように思われることもあるのだが、実際のところ当初は、炭焼きのことなどまったく念頭になかったのである。

さて、その炭焼きとの出会いについてである。久利須とは山続きで十キロほど離れたところに福岡町小野《この》という五十戸ほどの集落があるのだが、そこに住む炭焼きさん「ムカイのおじ」こと田畑安太郎氏の炭焼き小屋を、例の住職といっしょに訪ねたことから私の炭焼きとの縁が始まった。もちろん、炭焼きの現場は見るのも初めてであった。田畑老は当時すでに八十歳を越えていたが、「かくしゃく」などという言葉が尻尾を巻いて逃げ出しそうなほどタフな老人だった。

「炭焼きか……。悪くないな」

私は、これを山で暮らすための仕事にしようと思い、田畑老に弟子入りを申し込んだ。

取り組んでみると、この炭焼きという仕事は、作業はかなり危険も伴うハードなものではあるが、なかなか意義深いものであることがわかってきて、いわば「はまって」しまったのである。なによりも、チェーンソーと鉈、そしてトラックが一台あれば「開業」できるという、少ない初期投資で始められるのがありがたい。そして、技術的にはかなり奥深いものがあるものの、いちおうの商品として通用するものを焼くのに何年もの修業が必要というのでないのも、われわれのような途中参入者には向いている。また、昔は「お寺と大工サ以外はみんな焼いていた」というほど盛んであったにしても、いまはほとんど見向きもされない仕事であるから、原木の入手にしても製品の販売にしても競争相手が少なくて楽だといった利点がある。

早速、「見習い炭焼き」のような形で田畑老の手伝いを始めた。先に述べたように、職業訓練所へ通い、米作りの実習もしながら、じつは炭焼きの修業もしていたことになる。いま思い出しても、我ながらよくやっていたものだと思う。その努力の甲斐あってか、一年ほどの弟子生活でめでたく免許皆伝となり、翌春の久利須への入植とともに自前の炭ガマを造ったほうがよかろうということになった。

[自分でカマを造って一人前]

百姓ももちろんだが、炭焼きという仕事もまた徹底して自給的である。原木の入手(山で木を伐ってくる)はもちろん、その生産設備たる炭焼き小屋も炭ガマも全部、自分で造るのである。見習い中は田畑のじいさんのカマを使わせてもらって、原木を伐ってきては焼かせてもらっていたのであるが、ひととおりのことを教わったからには自前のカマを造る(カマを「打つ」という)必要がある。自分でカマを打つことができるようになってようやく一人前の炭焼きさんになるのである。

いまは便利な道路ぶちに炭焼き小屋を建てるのがふつうになっているが、昔は山のなかまで出かけていって小屋を建てカマを造ったものだという。そういわれてみると、山のなかを歩いているときに、自然にできたのでなく何らかの人為によると思われるくぼみを所々で見かけることがある。それが昔のカマの跡である。

昔は原木の伐採から運搬まで人力でやるしかないから、伐った原木を運ぶのは大仕事であった。しかし、炭に焼いてしまえば重さは十分の一ほどになるし、かさも三分の一ほどになるから、原木のままで運搬せずにその場で炭にしてから運び出すほうがずっと楽である。したがって、山のなかまで出かけていってカマをこしらえるということになるわけである。人力で運ぶことができる範囲でカマの周囲から木を伐って炭に焼いていると、だんだん遠くから運ばなければならなくなる。原木を運んでくるより、木のあるところにカマをこしらえたほうが効率がよいと判断すると、別の場所に移ってまたカマを造る。そういうふうにして造られては放置されたカマの跡が山中に窪地として残っているのである。

現在は原木の運搬にはトラックを使えるので、住家に比較的近くて便利な道路ぶちに炭焼き小屋をこしらえることが多い。もちろんカマを転々と移動する必要もない。というわけで私も自前の炭焼きガマを打つための場所探しをすることになる。

先に述べたシンバタケの再開発田のすぐうえ、林道から古い山道を少し上ったところにカマ

●

跡があった。やや小さなもののようであるが、村の人に尋ねてみると、山林地主であるM家の現在の当主が、三十年ほどもまえに炭を焼いていたカマの跡であるという。先の中川平治さんとも相談して、このカマ跡に炭焼き小屋を再建するのがよかろうということになる。

ものの本などでは、小屋よりもカマを先に造るように書いてある場合が多いのであるが、冬場の雪はもちろん、それ以外のシーズンでも雨の多い地方のこととて、まず先に小屋のほうを建てる。二メートルを越える積雪にも耐えられるように間伐材を合掌に組んで、孟宗竹を横に何段にも渡した骨組みに、笹やカヤの刈り束を結わえつけてゆくという、たぶん縄文以来変わらぬ三角の堀立て小屋である。基本設計をしてくれたのが中川平治さんであるから、例によって、「大きすぎて困るということはないもんじゃ」規模。間口四間×奥行き六間という堂々たる堀立て小屋である。

骨組みができあがるとくる日もくる日も笹とカヤを刈って束ねては横桟にくくりつける。何百束使ったか見当もつかないほど。半年ほどかけて小屋が完成し、カマのほうは師匠である田畑老が指揮を取ってくれて、伝統的なドロ(土)天井でなく、鉄筋と鉄板のうえを乾いた土で覆って、その全体を上方に渡した桁から吊り下げるという吊り天井方式にする。叩いたり乾かしたりする必要のあるドロ天井方式とちがって、こちらはすぐに原木を入れて焼くことができる。

こうして、ようやく一人前の炭焼きさんの誕生というわけだ。

炭焼きについては、詳しく書きはじめれば米作りにもまして紙幅を要することになるので、そちらのほうは近時出版した『炭焼小屋から』（創森社刊、一九九九年）をごらんいただきたい。

〔〝闘う林住期〟はなおつづく〕

こうしてこの十五年ほど、山に住んで自給的農業と最低限の現金収入を得るための炭焼きとを続けてきた。最初述べたように、安藤昌益の著作から得た〈直耕＝農〉という「行」と、堀沢祖門師に教わった呼吸禅を毎日の生活において行ないながら、仏教思想に関しては、初期仏教から唯識《ゆいしき》思想や中観《ちゅうがん》思想のあたりに照準を当てて読みつづけ、現代社会に対する視点、とりわけマルクスをはじめとする社会思想の読解としては廣松渉や柄谷行人などの著作を手がかりにして、自分の問題意識に即して取り組んできたつもりである。（また、妙な取り合わせだと思われるかもしれないが、西田哲学についてもていねいに読んでみる努力を続けた。）

早朝の三、四十分の呼吸禅で一日がはじまり、日中は農作業や炭焼き仕事、早朝と夜、そして雨や雪で外仕事のできないときには本を開いたりペンを執ったり。これが山で暮らしはじめたときの「わが晴耕雨読」であった。

本書のテーマとの関連でいえば、山で暮らしはじめたそもそもの動機が先に述べたようなものであって、世俗との絶縁とか隠遁というより、むしろ世俗とさらに激しく切り結ぶための思想的（物理的にも）根拠地を創りたいというものであった。したがって私の場合は、「闘う林住期」とでもいうべきものかもしれない。実際、闘う相手はつぎつぎと現れた。

移住早々の一九八六年(昭和六十一年)四月二十六日にチェルノブイリ事故があり、国内各地でも反原発運動が高まっていったのだが、折しも北陸電力の最初の原発が能登半島で計画されていて、富山県や石川県でもこれに反対する市民や労組の運動が八九年ごろにかけて急激な高まりを見せた。私も署名運動に加わり集会にしばしば参加した。

また、バブル期には県内各地でゴルフ場がつぎつぎと造られていった。「こんなところにまで」と思うようなわが在所近くにもゴルフ場建設計画が作られたりもした。ゴルフ場建設に反対する市民運動の一員として「立木トラスト」などにも取り組んだ。

九〇年代前半は、ガット・ウルグアイラウンド交渉が最後の山場にさしかかった時期であり、米の輸入問題がクローズアップされていた。また、国内的にも流通システム(食管制度)がさまざまな局面で破綻をきたしていた。そんなとき、婦中町の「ヤミ米商」川崎磯信氏が起こした食管体制に対する「たった一人の反乱」について一冊の本(『オラを告発しろ――ヤミ米商・川崎磯信奮戦記』桂書房刊、一九九二年)を書くことを通じて、彼の闘いの応援団長の役割をいつの間にか引き受けていた。

地域の事情がわかってくるにつれて、保守王国・自民王国の政治風土に、当初は面くらい、やがて辟易させられることになった。いろいろな行きがかりから、ついには、「田舎政治」の改革をしようと、市民派の政治運動を標榜して市議会議員選挙に立候補するまでに至った(一期四年はともかくまっとうしたが、二期目は落選)。

こうして、いまもなお大きな振幅で揺れ動いているわが林住期であるが、闘うべき真の相手は、じつは、これらのさまざまな事象の背後にそびえ立っている「日本近代そのもの」なのだと私は目星をつけているのである。

お遍路さんはただいま大学院生

五十五歳からの自分主義

足立紀子

またまた引き受けてしまったこの原稿！　私の人生は、好奇心からウッカリ引き受けてしまう失敗の連続そのものである。〝お母さんってしっかりしているようで、なんでも引き受けては肝腎なときに失敗するのよねぇ……〟としみじみ言った娘の顔が浮かんでくる。そう、結婚までも二度ウッカリ引き受けてしまい、愛想つかしているはずなのに。でも私は書こう。何だって血となり肉となる、役に立たない経験などないというのが持論であり信念である。と言い聞かせつつ、もはや血も肉も十分ある六十歳のわが身を励まして書く。

「人生、違う道を歩いていたかも」

一九九五年三月三十一日、私は五十五歳という年齢を退職の年とした。

専門学校を卒業してから三十二年間、一度も仕事をやめたいと思ったことがない。いや、私にとって仕事は自分の一部であり、生きている実感も、みんな仕事を通じて得ていた。しかし心身ともに、そして社会的にもっとも充実しているいまだからこそという決断でもあった。

その退職の日まで、私は保健婦として仕事漬けの毎日を送っていた。自治体で百人を越える専門職とともに、〝良い仕事〟〝本物の仕事〟をめざして頑張っていた。手足が二十本あっても足りない、一日が三十時間ほしいが口癖だった。

しかし、夢中になって仕事をしながらも、私はふっと自分の人生について「本当の自分は何か」、いや、「いまの自分は本当の自分ではないように思える」と心のどこかで反復していたように思う。「仮の自分」、そんな思いが確かにあった。現実にはその意識をどこかに押し込め、ずっと気づかぬふりをしてきただけなのだ。

大方の人生は偶然性のなかで物事を決定し行動することの連続だというが、私の職業選択もまさにそれの結果である。

●

十八歳の春、経済的事情で私は大学進学をあきらめた。

叔父の家から私は高校に通っていた。その叔父は、私の人生でもっとも尊敬する人を一人といわれたら、躊躇せず挙げることのできる第一級の人間だった。しかし、叔父の家も貧しかった。高校の特別進学クラスだったクラスメートは、東京や京都の一流大学といわれるところへあたりまえのように進んだ。昭和三十年代前半、世の中はまだ貧しい時代で、大学進学率は低かったし、地方に住む私には情報も乏しく選択肢は限られていた。叔父の〝ひとり食わせるもふたり食わせるも同じようなものだから……〟という好意に、学費は自分でなんとかするつもりでその地の国立大学医学部を受験して失敗した。いま思えば若気のいたりで、地元でもっとも難関といわれた学部にしか当時の自分は受験する意味(価値)を見いだせなかったのだ。このような私を浪人させてくれた、いまは亡き叔父夫婦の偉大さには心から敬服する。

その後、進学するなら東京と決め、生涯自立できる職業をめざして、当時、無料で学費と食・住が保障された国立の看護専門学校に進学した。これこそ、ある日何気なく雑誌『蛍雪時代』をめくり、「これ!!」と決めたのだから本当の偶然である。

だからいまでも看護の道は〝好きでなったのではない〟という後ろめたさがある。と同時に、本当は違う道を歩いたはずだ、もっと輝かしい何かがあったはずだという落ち着きのなさ、居心地の悪さがその後ずっとつきまとうことになった。経済的事情が人生のいたるところに立ちはだかった体験は、私の世代の人びとには共通するのではないだろうか。

しかし、私にとってこの職業は案外、天職だったかもしれない。そして本気で取り組めた価値ある仕事だったことは本当に幸せな選択だったといまは思う。とはいっても、私には何かし残しているような不充足感がつきまとっていたのである。

私は看護婦免許を得て六年間、病院の看護を経験した後、二十八歳のとき公衆衛生専門学校に進学し保健婦免許をとって東京都に就職した。退職前の十年間は、自治体の訪問看護サービスを立ち上げる仕事のために、保守的な役所内のさまざまな「抵抗」にあいながらも、毎日毎日が充実しすぎるほどだった。

この「充実しすぎる」という言い方にはチョッと説明がいる。現在通っている大学の生涯学習論という授業で、あるとき、山形県村山市の松田清南さんというかたが招かれた。退職校長の松田さんは「樽石大学」という生涯学習の場を山中のログハウスに置き、「人を愛し、自然を愛し、生きる喜びを共に味わう卒業のない学校」をスローガンに活動している。彼の話には印象深い言葉がいくつかあるが、「棺桶には歩いて入る」という健康目標とか、何かと言えば口をつく〝忙しい忙しい〟をやめて〝ああ、今日も充実した、本当に充実し過ぎた一日だった〟と言うのだと言って私たちを笑わせた。これを紹介したくてあえて拝借させていただいた。

[〝十八歳の春〟への転換]

さて、ようやく一つの転機がやってきた。四月の新年度から、区の訪問看護がまったく新しいシステムとして再出発できることになったのである。その見通しがついた前年の暮れも押しつまったころ、私はひそかに、しかもきっぱりと決心していた。定年まであと五年あるけれど、五十五歳のいま、区を退職しよう、と。そして、充実しすぎる三十年余を経て、結局、十八歳の春に立ち戻ることにしたのだ。進学したいときにできなかった無念さなどというものは、すでに昇華されてしまったかのようだったが、じつは腹の奥の奥でくすぶっていたにすぎない。もし、あのとき『蛍雪時代』の開いたページが違っていたら何になっていただろうか？　進む方向が五度傾いていたらどんな人生を歩いていただろうか。考えはじめると目のまえの世界が広がっていく。腹の底からフツフツと湧いてくる衝動のようなものに抗しきれない何かがあった。そして、平均寿命と人が元気でいられる時間を考えて、転換できる時期はいまをおいてはない、と思った。

年齢不相応に純粋主義で生真面目な私にとっては、理想像の何分の一もでき上がったわけではないが、充実した年月だった。三十二年間悔いはない、満腹した、そういう気分だった。定年まであと五年。給料、ボーナス、退職金、年金……もったいないねえと言われた。私のこれからの人生にとって、そういうことは大したことではない。自分の〝思い〟のほうが大切だった。ずっと心の奥深くしまい込んでいる大切な思い、本当の自分を生きていないような何か、いまそれをとり出そうとしていた。

結構忙しい人生だった。結婚、三十歳を過ぎてからの年子の子育てと仕事の継続、離婚、再婚、思春期の子どもと新たな夫婦・親子の関係、訪問看護事業の立ち上げの激務、そして母の痴呆の発症とホーム入所。これだけだって忙しそうなのに、仕事の多様さ、対人間を職とする困難さ、〝仕事は創るもの〟という職業理念の実践、専門職としての自己学習、年々増える教育機能等々、あのころどうやって生きていたのか不思議に思う。ご飯をどうやって作って食べていたのだろうか……。枕に頭をのせたとたん眠りに落ちていたので、目覚めたとき夕べいつ寝たか思い出すのに苦労するくらいだった。

ともかく、私は片手間ではなく、何にも煩わされないで勉強をしてみたい。何ものにも拘束されず自由でいたい。朝から晩まで本を読んでいたい。そういう時間と空間がほしい。あの十八歳のころのように。そうでないと棺桶に入るとき大きな忘れ物をしたような気がして後戻りしたくなるかもしれない。長い人生のどこかがプツンと切れているようでどうも繋ぎも座りも悪い。棺桶にはニッコリ入って〝無〟になりたい。

こうして五十五歳の春、二十年間お世話になった世田谷区を退職し、翌春の大学の社会人入学を目指した。

しかしそのまえに、私はやっておきたいことがあった。四国八十八か所の歩き遍路である。

［お四国さん、ひとり歩きの旅へ］

まわりを海に囲まれた四国という空間、総行程千四百キロメートルという距離、〝四国霊場八十八か所巡り〟という未知の世界。四月半ば、私はひとり、お遍路の旅に出た。

いつのころからかこころの隅に宿っていたらしいその旅に出ようと決めたのは、お正月明けの出勤日、退職願いを出したその日である。なぜ四国なのか、自分でもわからない。多分、その島のほどよい大きさと距離、そして温暖な気候風土が私にとって、いま流行の〝癒し〟に思えたのかもしれない。小難かしい理屈ではなく、ほとんど本能的な決定だと思う。お腹をこわしたねこが薬草をさがすとき、誰も教えないのに危険な草を避けるような、そんな動物的感覚である。私はそういう直感的なことで何事も決めてきたようだ。

お遍路も、退職の日まで、いや退職後の十日くらいまで、その準備はまったくできていなかった。にもかかわらず、私には一つの手がかりがあった。

三月三十一日、退職辞令をもって私は庁内を挨拶まわりしていた。広報課に立ち寄ったとき、「足立さーん、いいもの取っておいたよ」とそこの職員が持ってきてくれたのは『毎日グラフ』(平成七年三月十五日号)で、「お遍路に行くんだって聞いたから……」と、本来なら期限過ぎれば廃棄する雑誌類を私のために保存してくれていたのだ。彼と直接話したり仕事で関わったことは数えるほどしかない。にもかかわらず、この記事と私の退職のうわさを結びつけてくれたそのことにひどく感動した。職員数六千人余の自治体である。そのなかでたった一人の自分という職員のことを意識してもらえたありがたさ。ああ、自分の仕事のこと、ちゃんと見ていてくれたのだな、という嬉しさとともに、まさに人との関係こそが財産の証明のような出来事だった。

その『毎日グラフ』に紹介されてあった『四国遍路ひとり歩き同行二人』こそが、初めてのお遍路への重要な〝みちしるべ〟となったのである。歩き遍路のために編集された『同行二人』なくして病的に方向オンチの私が四十七日間の遍路旅を無事終わるのは不可能だったと告白する。あのときの不思議なご縁、すでにお遍路の縁が始まっていたのかもしれない。

二分冊にわかれたこの案内書は「へんろみち保存協力会」(愛媛県松山市)というボランティア団体の編集で、遍路道の詳細な地図と距離、宿、目印などがきめ細かく記されている。出かける十日まえ、この地図を取り寄せたのが旅の準備のはじまりだった。また出かけてみると、四国中にこのボランティア団体による道しるべが立てられていて、安心して歩くことができた。

歩いた、歩いた。一日おおよそ三十キロ前後、雨が降ろうが風が吹こうが炎天下であろうが、毎日毎日ただ歩きつづける。果てしなくつづく海岸線の国道(まさに酷道)、昔から遍路ころがしと言われている山道、バケツをひっくり返したように激しい高知の雨、のどかな田園風景。そういう道を歩き〝つづける〟ことのすごさは、一歩五十センチの歩幅しかない私が四十七日間歩くと千四百キロになることだけでも証明できる。

ときどき、ほんのときどきだが、どうしてこんなことをしているのだろうとわれながら不思議に思う。足の痛みなどというものは、ただ「まめ」だの「筋肉痛」だなどというのではなく、それらは痛みの順位でいえばずっと下位で、「むくみの痛み」というのだろうか、朝起きて〝立てるかな?〟とそっと布団のうえに足をのせ、体重をかけてみて……というくらいパンパンに腫れている。たぶん、年齢のせいで一晩くらいではむくみが引かないのだろう。そしてまた一日歩く。

初日、徳島の第一番霊場「霊山寺《りょうぜんじ》」(鳴門市)で、へんろ旅に必要な白衣や菅笠、納経帳(お参りしたときに、ご朱印を受ける)などを購入したのだが、なにしろお寺との関係がほとんどない都会人生を送ってきた私にはまったくわからない。いちおう、『同行二人』を読んではきたが、初体験というのは年齢と関係なく、どこでもなんでもドキドキするものだ。納経所に隣接する売店で購入するとき、私は少し不快な体験もした。不安気にいろいろ尋ねる私に「知らないから説明してるんですよ!」とブッキラボウにいったあの女性は、いまも売店にいるのだろうか。お寺って慈悲深いとはかぎらない。

不思議なことにもたくさん出会った。

高知県にある第三十七番「岩本寺」に向かう途中に〝そえみみずへんろ道〟という山中をいく旧道──昔の、本来の遍路道がある(べつに下の国道を歩いてもいいのだけれど……)。「へんろみち保存協力会」が毎年、ボランティアで山道の下草刈りなどをしているところだ。どうしたことか、いや、たんに不注意以外のなにものでもないが、私は山道の入り口を間違えて真横から直角に登ってしまったらしく、絶壁(チョットおおげさだが……)に近いようなところで進退極まったことがある。ふり返って、登るときにはわからなかったその高さと勾配に足がすくんでいるそのとき、突然目のまえに〝山のおじさん〟が現れた。そのおじさんは前日まで風邪で四十日も寝込んでいて、その日初めて山に見回りにきたのだそうだ。しかも後で気づいたのだが、その日は亡父の五十回目の命日だった。私を助けてくれたそのおじさんは亡父の身代わりだったのか、はたまた弘法大師の化身だったのか定かでない。

まったく道の見えない草むらで三本の道らしき道をさんざん探しあぐねているとき、真っ黒なねこがスッと正面に座って行く先を教えてくれたことがある。不思議な恐怖感で一気に山をかけ下りて土地の人に話すと、そこは弘法大師が七日七晩迷われた道だとか……。室戸岬から少し先にある第二十六番「金剛頂寺」に続く道でのことである。

またある日、降り続く雨のなか、愛媛県は石鎚山の中腹にある第六十番「横峰寺」から下って第六十一番「香園寺」に向かうとき、真っ白な霧に覆われた山中を菅笠に打ちつける雨音を聞きながら歩いていた。その幻想的な雰囲気に〝こういうとき母はどんな短歌を詠むのだろうか……〃などと、いまは呆けて老人ホームにいる母を想いつつ、少々心細い気持ちで早足に歩いていた。突然、どこからともなく真っ白な犬が一匹二匹そしてもう一匹、細い山道の数メートル先に現れ私をやさしげに見ているではないか。そして目線が合うとさっと霧のなかに走り去っていった。標高七百メートルの山中に雨のなか散歩にくる奇特な人などあろうはずもない。あれは、弘法大師を高野山に導いた犬の生まれ変わりにちがいない、心細げな一人旅の遍路を気遣って寄越されたにちがいないなどと、無信心な私でさえ思ったりする。

[歩きながら思うは痴呆の母のこと]

毎日、宿で明くる日の計画を立てる。例の『同行二人』片手に、どこまで歩けそうか、山道か国道か、自分の足と体調とお天気を考え目標地点を決める。そして宿を電話で予約する。年はとっても女は女で身の危険には敏感である。私は行き着くだろう地点に一番近いお寺の宿坊、公共の宿、民宿、旅館、ビジネスホテルの順で選ぶ。それぞれに長所短所もあるが、旅全体からいえば大した違いはない。

そんなこんなでお遍路の旅は続く。お遍路さんにお金やもの、ときには宿を施してくれる〃お接待〃という四国の風習には、たんに風習ということを超える人の情けがあった。農村は老人ばかりだけれども信仰深く、私のようなわがままな旅人をいたわり、町でも村でもかわいい子どもたちの元気な挨拶に出会い、路上のザリガニやテントウ虫、草花までにも目が届いて、一日一日、身体にたまった垢が落ちていった。

歩きながら考える。実際には足が痛くて、一つのことを考え続けることはむずかしく、思考はプッツ、プッツと切れる。それでも五十五年の人生、子どもたちのこと、母のこと、そしてときどき夫のこと……。第一反省をしなければならない。どれだけたくさんの人に迷惑をかけてきたか、正義のためであれ何であれ迷惑をこうむった人たちはいるだろう。でも、仕事は己《おのれ》の及ぶ範囲、腹一杯したと思えるのだが、やはりいまは呆けてホームにいる母への後悔がひっきりなしに私を襲う。

社会に出てほとんどの年月を母と暮らしてきた。本当は母のことを大切に思い、母の喜ぶことも全部わかっていた。にもかかわらず、一番心配をかけ、当たり散らす相手はいつも母だった。人はみな「あんなに(介護を)よくがんばったじゃないの」となぐさめてくれるがとんでもない。母親という無限の愛にただ甘えていただけなのだ。

母は三歳のとき両親の仕事で釜山(韓国)にわたり、その地で高等教育を受け、当時の満州国(中国)の勤務医だった父と結婚した。父の結核発病や敗戦で、父の実家ではあるが母にとってはまったく未知の土地で私をふくむ四人の子どもをかかえた未亡人になった。洋裁を学び、私たちを育ててくれた。その母が本格的に呆けたときのショック、帰宅したら母の姿が見えなかったときの驚愕、夜中の徘徊への困惑・疲労困憊、会話のできない焦燥感、母がどこか遠くに

●

行ってしまったような喩えようのない喪失感、苦労に苦労を重ねた母へいまや何一つお礼のできない後悔……そんなものを噛みしめながらの旅だった。

お遍路の旅から帰って半年後、母は亡くなった。

このときの旅からちょうど四年後、私は二度目のお遍路をしてきた。たまたままとまった時間を得たこともあるが、亡き母への後悔と悲しみが没後四年目を迎えてなお私を押しつぶすような苦しみから、もう一度自分を裸にしようと思ったのである。あの苦しい歩きの日々を再度とは夢想だにしなかったのだが、四国の旅は不思議に二度目三度目をいざなうものらしい。土地の人も、経験した多くの人も、そう言う。

二〇〇〇年二月、二度目の旅で私は生まれて初めて短歌というものを詠んだ。旅先でバスをご一緒した女性から、「感性があればだれでも詠める」といわれて突然その気になったのだから不思議である。亡き母は女学生のときから文学少女で、唯一短歌を趣味にしていたが、私は五七五の五だけさえ詠んだことがない。それがなんと今回の旅四十三日間で二百七十首の短歌や俳句を詠んでしまった。きっと亡母との縁かもしれないし、お遍路のご利益かもしれない。

母と一緒に歌を楽しみたかった、とまた涙にくれる。

お遍路の旅は自分を裸にしてくれる旅である。

「〝いまどきの大学〟に来てみれば……」

「字引を引いて〝やっぱりタケカンムリだった。そうそう〟と気がついて、ひょっと字引を閉じるともう忘れたりしている。また字引を引く」——これは、『大往生の心がけ』(早川一光著)の一説である。私はこの本をずいぶん昔に読んだが、そのときは「母がいつも言っているのと同じだ」という感じで〝老い〟というものを理解していた。

いま、英語の辞書を引く。ノートにスペルと意味を書く。またわからない単語が出てくる。また辞書を引く、ノートに書く。わずか二、三行後に引いた単語がつい先ほど引いたそれと気づくのは、もう一度ノートに書いて「アレッ、なんだか見たことのある単語だなあ?」と思うときである。こういう日々を送った後、五十六歳で大学の社会福祉学科の門をくぐった。学科は保健婦だったから、というわけではない。はじめはぜんぜん未知な世界を求めて経済学を学ぼうと思ったぐらいだ(合格はもらったが、思うところがあってその大学へは行かなかった)。

通うことになった大学は、自然環境に恵まれ深い緑の山道を七、八分ゆるやかに登る。新緑、梅雨どきの深い緑、真夏の木漏れ日、紅葉、真っ白な雪、四季折々の変化が大学生活四年間の最高の恵みだった。明治の初めにこの地を確保した創立者の先見性には驚嘆する。

だが、こういう恵まれた環境の大学で私は何を得たのだろうか。じつは当初、絶望以外のなにものでもなかったことを告白する。

私語の充満する教室、授業中に鳴る「ケイタイ」、机のうえのペットボトル、伝えたいメッセージのない授業、突然の休講、テキスト棒読みの教師等々、学生も教師も私が三十数年まえ描いた大学というアカデミックで知的な存在としてのそれとあまりにも違っていた。もちろん、いまどきの大学、学生の質が変わっていることはしばしばマスコミでもとり上げられていたし、大学の数も進学率も低かった時代とは違うことは予測していた。しかしショックだった。怒りを覚え機会あるときにはそれを伝え訴えてもみた。結局、「いまどきの大学」は「いまどきの社会」そのものであって、個人はもちろん一大学で解決できるものでもなく、本気で大学をやめようかと思った。社会人入学を考えるかたは、あらかじめ覚悟されたほうがいい。

もちろんすべての授業がつまらないのではなく、教師の熱意がひしひしと伝わってくるものもあったし、私自身の関心事にピタリと合うときには、夢中で文献をあさってレポートを書くこともあったが、そう多くはない。自己充足の場を期待した大学には絶望はしたけれども、この時間と空間、そして数十年酷使した身体をいたわる人生の折り返し点としての「いま」はとても大切だったから、学校の合間にときどき依頼される保健婦の研修の講師やちょっとした執筆などをしながら過ごしていた。

転機は突然やってきた。三年生になったとき一人の女性の教師が赴任してきた。そのとき初めて大学に来てよかったと思えたし、学ぶことの面白さを実感した。それはたぶん、尊敬する一人の人間・女性である研究者との出会いの嬉しさだった。男でも女でも、同性に惚れられる人はだいたい本物だというのが私のおおざっぱな人間観である。私はその教師に惚れたのだ。社会福祉の研究者として現場にみずからもかかわり、こだわる姿勢や生き方、物事に対する目線の置き方、まなざしといったようなものが、自分がこれまで大切にしてきた姿勢とどこか類似していることに共感したのだと思う。「ホームレス」を主題とするその著書のなかでも、ホームレスの彼らを「路上」へ「来た」人と表現し、「ホームレスになる」という経験、というとらえ方と記述のなかに、厳しい研究者の目と人間への心底やさしいまなざしが読みとれた。

私の仕事との関係でいえば、「保健指導する」などとえらそうに言うけれど、生活はどうしてる？　どれほどのお金で家族五人が食べてる？　と、結婚生活六十余年の老夫婦の介護にかかわるとき、彼らの歴史や心のなかの洞察なくして健康も生き甲斐も、よい食生活もクソもないものだという気持ちがするのと、どこかで共通する。私自身はたんなる現場人間であって立場は異なるけれども、人間というのはどこか本能的にその「質」を嗅ぎ取る能力をもっている。たぶんこのときの出会いはそれに近い。そして大学で学ぶことは、この感覚を説明できる理論を学ぶことだという点で、よき教師を得ることはどうしても大切なことだった。

大学も四年生になって今後のことを考える時期がきた。私にとって四年まえの退職はあくまでも一時中断の意味であったから、当然、卒業後は就業するつもりでいた。幸せなことに卒業を待っていて、〝いつになったらシャバに出てくるの？〟と声をかけてくれる人たちもいた。

その大学の大学院入試は、英語の辞書「持ち込み不可」であり、三十数年の空白と記憶力の低下という壁はいかんともしがたく、そのころようやく勉強の面白さにはまってきていた私ではあったが、進学についてはとうに諦めていた。

［好きなだけ本を読む幸せと苦しみ］

ところが、ここでも突然道が開けた。入試で辞書「持ち込み可」になっただけでなく、最終的には「学内推薦制度」ができたのである。その尊敬する教師の努力に負うところが大きいと推測するが、私にとってそれは〝天からの授かりもの〟に等しい。

実際のところ、入学すれば当然、英語との格闘になるとはいえ、門さえくぐればその先は努力あるのみ。少々の困難は苦にならない自分ではあるが、それでも大学院でやっていける能力があるとは思えず、進学するか否かはずいぶん逡巡した。本当にぎりぎりまで迷った。結局、進学を決めてからは、紹介していただいた大学院生に英語の家庭教師をしていただき、毎日毎日辞書と格闘した。暑い夏休みもせっせと大学の図書館に出かけた。

そして学内推薦を受け、大学院の修士課程にこの四月進学した。六十歳の大学院生になったわけである。

こうしてみると、たんに運がいいという一言につきるのかもしれないが、なんだか〝運が向こうからやってくる〟とでもいう感じがする。何やら〝大いなるもの〟に見られているような気さえもするのである。この〝大いなるもの〟という感覚は、お遍路の旅をしているとき何度となく感じたことでもある。先述した不思議なできごとでも、人の親切が身にしみるときも、思いがけない場所で懐かしい人びとに再会したときにも、方向オンチの私が千四百キロを無事歩き終えたまさにそのことが、〝大いなるもの〟の見守りのなかにあったと言っていいかもしれない。

大学院というところにきて私は初めて大学にきたという実感をもった。そして教師はここで初めて大学教師の顔になるという印象をもった。もちろんすべての大学がそうかどうか知らないが、学部との落差がありすぎるのだ。学部の教育では学生に対する学問への動機づけがあまりにも弱すぎた。学部のとき、このことをある教師に言ったことがあるが、教師は「大学というところはみずから学ぶところです」というばかりだ。それならばなぜ授業料を取る？　詐欺ではないか……と私は思う。授業料を取る以上、少なくとも教師は学生に対して学問への動機づけに寄与する程度の講義をしてほしいものだ。

現在の大学院での教育レベルが学部でなされていたら、私は大学院にこなくてすんだのにと思ったりする。四年間もったいなかったなあと思いつつ、現在、大変苦しいけれども進学して

●

よかったと思う日々である。私の関心事は真の「人間尊重」とはなにかを追究するという哲学的な課題である。たぶん私のライフワークになるだろう。

学生の仕事の第一は、本を読むことだろう。それがしたくて大学へ入ったのだし。好きなだけ本を読もう。仕事の必要から読まざるを得ない専門書・専門雑誌・報告書ではなく、ワクワクしながら本を読もう。しかも寝転んで、何もしないでひねもすのたりのたりと過ごしてみたいのが夢だった。そして、社会福祉学科に籍を置く以上、少しはその道の専門書というものもゆったりと読んでみようと思っていた。卒業するまでに百冊は読もうとか……。

しかし、現実は老眼による目の疲れ、難しさへのあきらめから、なかなか進まない。面白い小説類は読み終えるまで明け方までだって続くが、専門書を一人で読み続けるのはけっこう努力がいる。こういうことを可能にさせるのがやはり大学でのゼミや勉強会だということも、大学院に入って初めて実感した。そして、本の〝読み方〟というものや、問題のとらえ方を理解していく。こういうことは一人では難かしい。しっかり読むということはすなわち社会の問題の所在をしっかり認識することだ、ということも学びの一つである。

小さいころ、父は結核で在宅療養していた。医師だった父の枕元にはいつも本があったように思う。その当時高校生くらいだった親戚のものから、「よくあなたのお父さんから本を借りたものです」と最近聞いた。母も本が好きだった。終戦直後の貧しい時代で買ってもらうことはあまりなかったが、貸し本屋さんからずいぶん借りた覚えがある。未亡人になった母がわずかな内職の収入のなかから子どもたちに月刊雑誌をとってくれたことは、いま思えば大変なことだったろう。そういう環境にあったからか、私は本が好きだった。

子どもが二歳と三歳のとき私は離婚した。母の援助を受けつつも、ふたりの子どもの保育園送迎と仕事の継続は忙しかったが、夜八時になると布団のうえで両脇にふたりを座らせ絵本を読んでやるのが日課だった。平日はひとり一冊ずつに決め、子どもたちはそれぞれ一番好きな本をもってきて座った。読み終わると二人は寝てくれた。休みの前日は好きなだけもってきてよいことにしたから大変だったが、くりかえしくりかえし読んだ「おさるのジョージ」シリーズなど、いまでも思い出すと楽しい。

知らないうちに老いが迫る

英語の勉強を始めたころ、辞書を引いては絶望することが多く何度投げ出したくなったかしれない。いや、いまもそういう気持ちになる。何度も同じ単語を引いている自分、すぐ忘れてしまう自分にあきれ、こんな自分ではなかったとあせり、ついこの間まで一度聞いたことは覚えていたという自信がどんどん崩れていく。そんなことは歳をとればあたりまえだと人に言っていた自分が、いまその老いの真っただなかにいる。

あるとき、私は気持ちを切り替えた。歳をとれば古いことは覚えているが新しいことは忘れ

●

る。これは死の間際まで昨日今日のうらみつらみを覚えていたら死ぬとき辛すぎるから、昔の楽しかったことだけ思い出せるように神様が配慮されたのだろう、と。忘れるということはなんと上手くできた自然の摂理だろう。

しかしこういうきれいごとは誰でも言えるが、肝心の英語の勉強ではそうばかりも言っていられない。そこで、私はこうすることにした。

つまり、辞書は何遍でも引く。同じ単語がでてきて〝アッさっき引いたな〟と気づいても、意味を忘れていたら躊躇せずもう一度引く。あったはずだとノートをひっくり返して探すより(どうせどこに書いたか忘れているのだから)はるかに効率的でストレスがない。このようにわからない単語はすべて引く。後をふり返らないし、探さない。そして覚えようとしないことにした。私はずいぶん気分的に楽になった。もし、若い人が一度で覚えるならば、私の場合は十回同じ単語を引いているうちに痕跡の一つでも残るのではないかという淡い期待程度にしておく。期待が少なければ落胆の度合いも小さい。このように気持ちと方法を変えてからずいぶんたつが成果はどうか？　まあ、たいして痕跡にはなっていないけれどもストレスにはならない。確かにわずかながら頭のなかに定着した単語もある。文章の構成にもずいぶん慣れてきた。どうしても読みたい本が英語のものしかないとき、恐がらずに読んでみようと思えれば上等ではないかと開きなおっている。

〝老い〟は思いがけないとき目のまえに突きつけられる。

先日、ある会合の日程を一週間後に変更するという連絡を受け、手帳を訂正した後、あるときフッと〝そうそうあの会合、一週間延びたんだわ〟とさらに一週間後に訂正し、当日ゆうゆうと手土産をもって訪問した。欠席による迷惑を初めて知り、手土産は結局お詫びの印になってしまった。

この種の〝事件〟は二年まえ、三年前期の定期試験で家族法の試験の時間帯を間違えて（半年間その授業を受けていた曜日と時間帯にもかかわらず）ゆうゆうと教室に向かっている私に、友人が「足立さんこれから試験？」「そうよ、家族法あなたも取ってなかった？」「あら、午前中に終わったわよ」「……@$◇%◎！？」。このときのショックは強烈だった。小さな勘違いや失敗は誰でもある。でも、たった一回しかないこの種の試験の日時を間違う、それもずっと大好きだったその授業をとっていた時間帯なのに……。〝老い〟という言葉を初めて感じた事件だった。

ショックで頭のなかが真っ白くなり、当日の試験官だった教師のところに話に行った。哲学者の彼はじつにやさしく聴いてくれただけでなく、いくつかのアドバイスをくれた。話しているうちに落ち着き、たいしたことではないと思えるようになったことは幸せなことだ。そして後日、家族法の教師に自分の解答を送りていねいな添削までしていただいた。興味深い授業であり、法律的解釈や論拠の説明に弱い私にはどうしても確かめてみたい問題だったから、このことによって答案を出しっ放しの人たちよりはずいぶん得をした。もちろん単位はとれなかったけれども。ころんでもただでは起きないこのしぶとさも一つのエネルギーだろう。いや、たんにずうずうしさか？

ともかく、こうして確実に〝老い〟は迫ってくる。

［夫婦はやっぱり〝二心異体〟で……］

自由気ままな私を支えてくれている家族にも、触れないわけにはいかない。

再婚した夫は八歳年下である。ひょんなことからなんだか結婚しなければいけないような気分になってしまったものだから、冒頭に書いたように娘に〝肝腎なときに……〟と言われてしまうのである。

結婚当初はいろいろあった。何度離婚しようと思ったかしれない。考えてみると、私と夫・母親・子どもたちとの関係は切り離せないが、夫と子ども、私の母親は他人どうしであり、子どもからいえば私と祖母は身内だけれども、夫は他人の男であって父親ではない。こうした大変動の環境で思春期に入り始めた子どもたちとの関係を含め、私の心は四方八方に飛び散りさんざんだった。さまざまな夫婦・親子の葛藤があり、いわゆる老親をめぐる兄弟姉妹のトラブルもあった。

そのようななかでも、不思議に仕事に対する態度がまったく変わらないのが自分の特長かもしれない。多分、私には仕事が中心にあって、自分が生きるということがまずあって、そのうえで家族を維持していくタイプの人間のようだ。一度だって仕事をやめようと思ったことがない。そして家族への責任も目一杯果たそうとしてきた。いろいろあったが、結局、子どもたちは素直で普通の社会人に育ったことは本当に幸せなことだ。彼らの受けた傷もたくさんあっただろうけれども、それらを超えてきちんとした大人になってくれたことは、親バカかもしれないが私が一番よく知っている。息子はいう。「お母さん、おれたちがまともなのはひとえにおれたちの質がよかったからだよ。子どもに感謝しなきゃ」。何言ってるんだ、生んだのはこの私だ!! などと威張ったりはすまい。本当に感謝している。娘が言ったことがある。「お母さんはいろいろ問題あるけど、まあいちおう子育てには一貫性があったわよね」。おそれいりました。

夫は再婚したとき、お米ひとつ研いだことがなかった。初めて研いでもらったとき、ぎゅうぎゅう洗うのでお米が粉々になりそうだった。あれから十八年、息子は会社の寮で、娘はアパートで独立し、母は五年まえ亡くなった。いま、ガランとした家に二人きりになった。

夫は私の中途退職や進学に何も異論はなかった。自分の好きなように生きることがこの人の幸せだとわかってきたらしい。四国を一人で歩くことにはかなり不安があったらしいが、何事でもそのことを毎日言い続けていると、いつの間にかあたりまえの言葉や風景になるらしく、結局は同意する。初めて四十七日間も家を空けたとき、旅先から毎日一枚ハガキを出す約束で

●

出かけ、そして実行した。いまもその四十七枚をみると懐かしい。そしてときどき電話を入れた。どうかと思う夫婦でも、こうして離れてみるとなかなか懐かしく優しい言葉の一つも出てくる。夫のほうはその間、一時期ややノイローゼ気味になって近所のお医者さんの世話になったらしいが、すぐ回復した。

私がすべてのしがらみから解放され、六キロのザック一つだけで歩いているとき、しばしば聞いた言葉の一つは〝よくご主人が許可されましたね〟だった。そもそも私は「家来」ではないから「ご主人」という言葉が嫌いで、「私の夫」あるいはふざけて「ウチの亭主」(イバリたがっている)という。また、「許可」というのは権限をもっている者が権限のない者に対する行為だから、それも気にいらない。相互に「了解」をしたのである。たかが日常的な言葉というが、この言葉が本質を表わしているのだからどうしても抵抗したくなる。旅先でいちいち講釈するわけではないのだが。

夫婦は「一心同体」だというのも私には異論がある。あくまでも「二心異体」だと思う。異なった個人が一体になることはない。ましてや精神においてそれぞれはつねに自由でありたい。だからといって勝手放題の生活を送っているのではない。おのずとルールがあるし、ほどよいところに礼儀もあり甘えもある。

いま、夫は掃除・洗濯・料理・買物なんでもする。上手にできるとかできないではなく抵抗なくしている。いつからそうなったかははっきりしない。勉強にかこつけていまでは半分くらいは夫の働きと家事によって生活している。年下の人と結婚することのよさは、私のように無職になっても相手はまだまだ現役で働いていることである。三十歳前後の若い友人が結婚で悩むとき、〝年下もいいわよ〟と無責任に吹聴している。男女の平均寿命の差だけ離れていれば、介護負担もお互いに少なく、同時にあの世に行けるかもしれない。ついでに〝惚れられた強みも大きな武器になるよ〟という。私と同年代の女性たちよ、ご意見いかが？

もちろん、こう書いている私にも苦悩がないわけではない。最初の夫の死を偶然知って墓参にゆき、別れたときわずか二歳だった娘が見せた涙のつらさ。痴呆のまま逝った母への悔恨……。それらは生涯、未発達でわがままな母であり娘であった私を苦しめると思う。

でも、この苦しみを背負ってこそ私らしい人生といえるかもしれない。自分らしく生きる一人の人間として、子どもたちには許してもらおう。

〔〝放浪の星〟の命じるままに〕

先日、中国の昆明を旅してきた。戦前の旧満州国で生まれた私は日本が中国に対して行なってきたかずかずのことに胸が痛み、日本人の一人として交流したく細細と中国語を習い、大して役にも立たないができるかぎりそこに行って触れあうときをもっている。今回初めて南のほうに行ったのだが、多様な民族の集まった地域だけに、こういうそれぞれの民族がそのままのスタイルで自分たちらしく生きていける世界のあり方というものをつくづく願わずにはいられない。あちこちの民族紛争を考えてそう思った。

いつかシルクロードも旅したい。

六十歳のいま、多少身体的な疲れはあるとしてもまだまだ何かできそうだ。再来年、修士課程を修了したらどうしようか？　それより終了するかどうかが問題だが。心身ともに健康でいられるのはせいぜい二十年。えっ、ちょっと長すぎるかな？　でも、百歳まで四十年もあるのだから、せめてその半分くらいは現役でいたいし。ともかく最後の仕事は、もっとも自分らしい自分のスタイルでやりたい。ボランティアなんてかっこいいことはできそうにないので、心身の状況にあわせた程度の仕事を選んで心から大切にしていきたい。

そのくせ若い人たちがうらやましく、私もどこかの国で一年くらいホームステイしようかな、などと言って夫をギョッとさせている。いつになったら腰が落ち着くのだろう。昔流行った「占星術」によると、私には〝放浪の星〟が二つある。まだまだ放浪の旅はつづく。

熊野を駈ける、生まれかわりのために

阪神大震災、そして無所有からの大峯奥駈

叶　治泉

「あの遺体が私、私があの遺体」

私が生まれて初めて遭遇した天災地変、阪神淡路大震災が起こったのは、一九九五年一月十七日午前五時四十六分だった。

ドーンという轟音と猛烈な縦揺れ、布団のなかから体が宙に投げ出され床に叩きつけられた。何が起こったのか理解する間もなく、隣に寝ていた妻に反射的に覆いかぶさった。「留香《るか》を見てきて！」、妻の叫びにとっさに我に返り、長女が寝ている隣室に飛びこんだ。布団をかぶり

●

蹲《うずくま》っている長女を促し、妻と三人、部屋の角で肩を寄せ合った。

室内は、冷蔵庫、洋服だんす、食器棚、物品棚がすべて倒れ、床はびっしりとガラスと陶器の破片で足の踏み場もない。

私の自宅は神戸の中心部、三宮のマンションの三階。開きにくくなった玄関のドアに体当たりを繰り返し、やっとの思いでこじ開け、三人で外に飛び出した。この時点でも、地震だという明確な認識はできていなかった。自宅の近くにあるガソリンスタンドが爆発したのか、あるいは飛行機でも落下したのか、ミサイルでも飛んで来たのか、と突拍子もないことを考えていた。

地震を経験したことのない神戸っ子の私にとって、すさまじい轟音と上下の激しい揺れを地震であるとは想像すらできなかった。

近くの小学校に避難。続々と避難者が押し寄せる。「家が燃えている」「おばあちゃんが家の下敷に」「人が何人死んでいる」。口ぐちに悲惨な事実を告げていた。にもかかわらず、人びとは意外なほど冷静。何か憑き物が落ちたような、むしろ清清しい表情。冗談を言いながら大声で笑っている者さえいた。人知が及ばない絶体絶命の状況に置かれると、人はただ笑うしかないのか。

この間も激しい余震が数えきれない。街のあちこちで黒煙と炎が昇っていた。

旅行で不在中の長男のためにマンションの玄関に貼り紙をして、その足で四キロほど離れたところに住んでいる私の両親の家に駆けつけた。家の側面に大きな亀裂が走っていたが、家はどうにか建っており、両親も無事。家のすぐまえの集会所に避難させ、妻の両親や弟一家が住む岩屋(地名)に向かった。

私の両親宅へ向かう途中は、無我夢中だったのか、まったく周囲の様子は目に映らなかった。両親の無事を確認した安堵感なのだろう、岩屋に向かう途中は、つぎからつぎへとまるで地獄絵図が目に飛び込んできた。燃えさかる炎、至る所で倒壊した家屋、路上に横たわる遺骸。よからぬ胸騒ぎがした。必死の思いで妻の両親、弟一家のもとへ向かった。

辺りは、見渡すかぎり廃墟。建っている建物は数えられるほど。まるで巨大な怪獣に踏み躙《にじ》られたかのように町が壊滅していた。幾度となく訪れ、熟知している町であるが、義弟一家の家は見当がつかなかった。大声で義弟の名を叫びながら探し回った。道路にへたりこんでいる義弟の長男と次男を見つけた。家族の安否を尋ねると、目のまえを指さした。

家屋は原形をとどめないほど崩れ落ち、そのしたに義弟とその妻・京子さん、そして末娘の理絵ちゃん(当時十六歳)の三人が生き埋めになっていた。

近所の人たちも応援に加わり救出活動が始まった。まず、義弟が見つかり、倒壊家屋のしたから引きずりだした。意識ははっきりしていたが、腰の辺りに激痛が走るらしい、呻き声を上げていた。近所の人の車ですぐ近くの総合病院に運んでもらうように指示し、付き添いに中学生の甥を同乗させ、ひき続き残る二人の救出活動を行なった。

●

どれくらい時間が過ぎたのか記憶にはない。理絵ちゃんが見つかった。まだ温かい体温を残していたが、既にこと切れていた。この世に生を享《う》けてから、わずか十六年間の命。涙さえ出なかった。

素手での救出活動が二日、三日と続いた。義弟の妻・京子さんの姿は見つからない。地震から四日目、やっと自衛隊による救出活動が始まった。とっさの思いで、どこかに逃げているのではないだろうか、一縷の望みをかけていた。だが、京子さんは、小さく丸く蹲ったままの姿の遺体で見つかった。

体育館の、物言わぬ理絵ちゃんの隣にお母さんの遺体を並べて寝かせた。地震から四日目の、あまりにも悲しい母娘の再会だった。

年老いた妻の両親は、義弟一家とスープが冷めないほどの距離に静かに余生を送っていた。義弟の家族の救出活動の間に、様子を見に行ったが、家は完全に崩れ、二人はその下敷きになっていた。もう死んだものと諦め、義弟の家族の救出にあたっていたが、近所の人に救出され近くに避難していた。奇跡としか思えなかった。

私の自宅マンションも半壊、電気・ガス・水道も止まり住める状態ではない。妻の両親と義弟の残された家族が戻る家はもうない。私の友人の好意でアパートを用意してもらった。私の家族三人、妻方の家族四人の七人での共同生活が始まった。義弟は重症を負い病院に入院。あまりにも悲惨で絶望の現実のなかで、妻の老父は日に日に気力を失い、この世を去った。

かけがえのない身内を一挙に三人も失った。偶然にも生きながらえた者たちの心を襲った悲痛は到底、言葉で表現できない。それでも、皆現実に起こった悲しい事実に向きあい、じっと堪えていた。

地震から五日目、私の経営する乳幼児教育・神戸アカデミーがあるビルを見に行った。兵庫県庁の近く、オフィス街の一角にある。三宮・元町周辺はもっとも被害の甚大な地区。巨大なビルも道路に横だおし、高速道路も縒《ねじ》れ曲っていた。JRの高架、阪急・阪神電鉄の高架も崩れ落ちていた。

瓦礫のなか、神戸アカデミーのあるビルは基礎をもぎ取られ、傾きながらもなんとか建っていた。室内は、すべての什器が崩れ落ち、教具・教材・書籍・事務用品、それに窓やドアのガラスの破片が散らばり足の踏み場もない。

神戸は全滅だ、おそらく四、五年は復興できないだろう。街の惨状を見て、そう判断していた。心血を注いで築いてきた私のライフワーク、乳幼児教育・神戸アカデミーも再開は不可能だ。はっきりと心のなかでそう思った。

急に得も知れない不安がこみ上げてきた。私の心の奥の奥で何かが音をたてて崩れ落ちていった。仕事はどうすればよいのか、住む家はどうするのか、今後生活はどうすればよいのだろう。妻の家族たちはどうなるのだろう……。

地震から一か月後、関西気功協会の津村喬代表に働きかけ、神戸アカデミーに関西気功協会震災復興本部を設け、ボランティア活動を始めた。「神戸癒しの学校」と名づけて、気功や東洋療法による体とこころを癒す方法を被災者のかたがたに紹介して回った。

全国からもぞくぞくと神戸の街にボランティアが駆けつけ、被災者たちに温い援助の手を差し伸べていた。〝日本のボランティア元年〟とマスコミが一斉に報じた。献身的に活動するボランティアの若者たちを〝観音の子どもたち〟と賞賛したのは、私の古くからの気功の道友、津村喬だった。

これからどうすればよいのか、先の展望に一条の光さえ見出せず心うちひしがれる日々。ボランティア活動に打ち込み、ひたすら体を動かしつづけることで思考を麻痺させ、心の底から湧き起こる不安感に蓋をかぶせる。

私はけっして〝観音の子ども〟ではなかった。私はいままでの人生のなかで絶体絶命の危機を体験したことはない。苦難のときには知人や家族が助けの手を差し伸べてくれた。苦しいときには、つい人を頼ってしまう。苦しみから逃げ、煩わしさから目を背けようとする悲しい習性が身に染みこんでいる。

いまは、人に頼れるような状況ではない。逃げようとも逃げ場もない状況だ。目を背けるにも、背けようもない。

瞼を閉じると、目にしたさまざまな遺体が脳裏にくっきりと甦《よみが》える。数分まえまで生きていたあの人は死に、あの遺体に。私はこうして生きている。あの遺体が私で、私があの遺体。そうであってもなんら不思議ではない。

生と死が対極にある事象とは思われなくなっていた。不謹慎極まりないが、遺体のあの人を羨ましいとさえ思った。希望の光さえ見出しえない混沌とした苦界で生き続けなければならないのなら、むしろ大地の揺れに押し潰されて遺体になっていたほうがよかった。あの遺体が私で、私があの遺体、そうであったほうがよかった。

未来の展望が描けないなかで生き続けなければならない漠然とした恐れに、心が大時化《しけ》のように揺れ動く。自分の心の動揺を自分自身で鎮めることができなくなっていた。

二十代のころから参禅していた、臨済宗妙心寺派専門道場・祥福寺(神戸市兵庫区)を訪れた。揺れに揺れる心を鎮めようともがいたのだ。しかし、座禅をする気持ちになれなかった。いまの心の状態で独座しつづけても、心を鎮めることなどまったく期待できなかった。無心になどなれる自信はなかった。瞑想どころか迷想になりかねない。

妄念惹起のこの日常から、非日常の世界へ、そして、自分自身しか頼れない状況に身を置いてみたかった。自分自身さえも頼れない、そういう世界にわが身を投げ出さなければならないと、そう決意していた。

大地の揺れに押し潰され遺体になった人びと。偶然生き残ったが、心ここにあらず、亡霊のようにさまよう己《おのれ》。自分自身が崩壊するほど己を苦界に追い込み、一度、いままでの私自身を潰してみなければ、私は私自身を信頼することができなくなっていた。

古来、日本の実践宗教で命を賭して行じる三大苦行と呼ばれる修行があるのは知っていた。禅宗の臘八大接心《ろうはつおおせっしん》、天台宗の比叡山千日回峰行、そして修験道の大峯奥駈《おおみねおくがけ》修行である。いずれの行も本で読んだり、身近な行者から話は聞いたことがある。

前記二つの行は在家不可。宗教誌『大法輪』で山伏修行の案内を読み、躊躇なく吉野山東南院の大峯奥駈修行を申し込んだ。

一瞬にして人間の営みのすべてを崩壊しつくした大地の恐るべき力にこの身を委ねてみよう。猛烈に私の身体を揺さぶったあの大地の殼のうえをこの足で一歩一歩ひたすら歩きつづけてみたい。私の身体と心がそのように要求していたのだ。

当時四十七歳、初参加ということで、いきなり奥駈に入行するよりも七月七日、八日に行なわれる蓮華入峯《れんげにゅうぶ》に参加してみてはとの返事。蓮華入峯は、吉野山から山上ヶ岳まで、山中一泊二日の行である。ちょうど奥駈修行の第一日目の行程とまったく同じ。

蓮華入峯を行じた五日後に、大峯奥駈修行に新客で入峯することになる。欠員が生じたためであるが、私はそのとき山が私を招いていると思った。

[廃墟の神戸から聖なる大峯へ]

奈良の吉野山から和歌山の熊野まで連なる山系は古来より現代に至るまで、修験道の根本道場である。主要な峰には、山上ヶ岳(一七一九メートル)、弥山(一八九五メートル)、八経ヶ岳(一九一四メートル)、笠捨山(一三五二メートル)、玉置山(一〇七六メートル)がある。山系には「七十五靡《なびき》」と称する拝所があり、奥駈は、それらを巡拝しながら、前後九日、峯中七日間、百八十キロメートルを抖擻《とそう》する修行である。大峯山系の北半分・吉野側が金剛界、南半分・熊野側が胎蔵界の神と仏が融合する金胎両部《こんたいりょうぶ》の山界曼荼羅とされ、死出の旅立ち装束を身に纏《まと》い一度死んで入山し、苦行のなかで生前の罪を滅し、ついには即身成仏し、仏として新たに生まれ変わるのである。

奥駈修行には自然に回帰し「擬死再生」を象徴する行為が行中の随処に見出される。

阪神淡路大震災の揺れがはっきりと身体のなかに残っている、あのときから六か月後の一九九五年七月十五日、私は大峯奥駈修行に初めて入行するために吉野山東南院に入堂した。

受け付けを終えると、白色無紋の浄衣《じょうえ》に手甲《てっこう》・脚半《きゃはん》、頭に頭襟《ときん》、腰に螺《かい》の緒《お》、尻に引敷《ひっしき》、通称梵天ともいう結袈裟《ゆいげさ》、左手に最多角念珠《いらたかねんじゅ》、錫杖《しゃくじょう》を腰に差して山伏姿。峯中では、これに斑《はん》蓋《がい》をかぶり、白地下足袋を履き、手に金剛杖、背に白いリュックサック、法螺貝といういで立ちになる(九十三ページ参照)。

総勢六十名、うち新客十余名。明日未明入峯の前日の夕刻、東南院護摩堂で、峯中七日間・大峯奥駈修行の無事満行を祈って、大先達の導師による「大峯秘法護摩供《ごまく》」が厳修。この護摩供は私たち行者の葬式も兼ねているという。

暗い護摩堂のなか、護摩木の炎と煙に包まれ、奥駈行者たちの「般若心経」の読経が響く。炎はまるで意志をもった生き物のようにさまざまに姿を変えて燃え上がっている。「九条錫杖経」「般若心経」、本尊・蔵王権現《ざおうごんげん》と高祖・神変大菩薩《じんぺんだいぼさつ》の真言、さらに不動明王の真言を唱え、三部総咒・諸天総呪と続き、最後に本学讃で締め括る。

本格的なお経など唱えたことがない私は、経本を目で追いながら行者たちと唱和させようと必死であるが、なかなかうまく合わない。読経中、行者全員が錫杖を激しいリズムで振り鳴らす。炎の熱と煙、一心不乱の読経と錫杖の音、聖なる空間から発する波動が私の精神に振動を及ぼし、空間と私の存在そのものが共鳴し、私の精神はしだいに世俗の世界を離れてゆく。

七月十六日

午前二時起床、午前三時出立。夏とはいえ、この時刻はまだ暗く肌寒い。いよいよ初めての奥駈修行が始まる。これから行なわれる未知の苦行に対する不安よりも、廃墟の神戸の街から離れ、茫然自失の日常から非日常の聖なる世界に数日間、身を置くことができる喜びに胸が弾む。久しぶりに味わう安堵感である。とはいえ、肉体は正直である。緊張感でかすかに身震いする。

山伏の隊列は蔵王堂へ。暗闇のなか、千三百年余の歴史をもつ巨大な木造の堂は測り知れない圧倒的な力を秘めて周囲の闇の空間を画している。峯中七十五靡と称される最初の拝所での勤行が行なわれた。

ヒタヒタという地下足袋の音をたてながら、隊は奥駈最初の目的地・山上ヶ岳へとしずしずと歩を運ぶ。

東の空がやっと明け始めた五時ごろ、道はすでに山道。地下足袋の地面を踏みしめる音と、地を突く金剛杖の音、腰に付けた鈴《りん》の音がこころよいリズムを打っている。道中すでに数か所の拝所での勤行を経て、金峯神社に到着。「義経の隠れ塔」と伝えられる「気抜けの塔」に新客全員閉じ込められ、真っ暗闇の堂内を手さぐりで巡りながら、

「吉野なる深山《みやま》の奥の隠れ塔　本来　空のすみかなりけり　オンアビラウンケンソワカ（大日

◇修験の衣体と法具

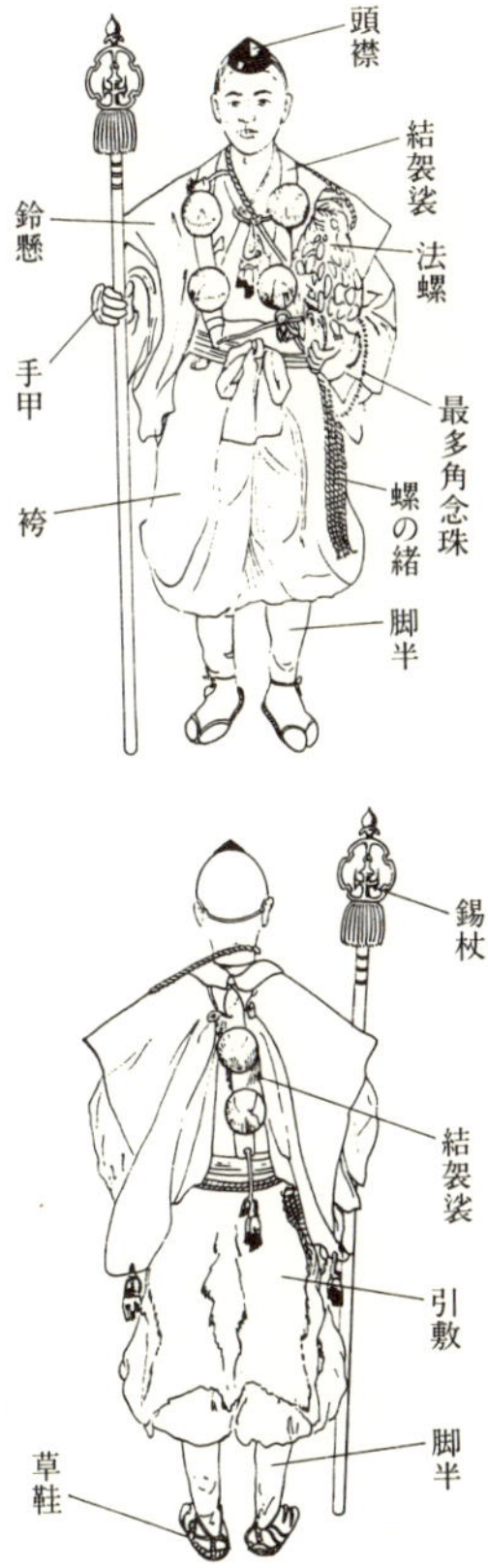

金峯山修験本宗『教師手帳』より

如来真言）　南無神変大菩薩」

と唱えている最中、突然真っ暗闇のなかから鐘の大音響。新客一同びっくり仰天。驚き、気抜け、つまり俗世の魂を抜くための儀礼。新客に課せられる初めての行である。

金峯神社を後にして、いよいよきつい登り一方の細い山道が続く。隊は一列となる。「サンゲ　サンゲ　ロッコン　ショウジョウ（懺悔懺悔　六根清浄）」、山念仏の唱和が続く。きつい登り道が続く。足は痛み、身体は軋《きし》む。息は切れ、喘《あえ》ぎ始める。いつまでこの状態が続くのか、予想ができない先の展開に神経が切り刻まれる思いだ。

峯中、このようなとき、かならず山念仏が唱和される。奉行は「腹から大声を出せ。山念仏が助けてくれる」と叱咤する。足はまだ山道に慣れない。心臓が飛び出しそうだ。呼吸がままならない。腹から大声など出せるわけがない。声にならない悲鳴のようなかすれた音を出すだけでよけいに息が切れてくる。それでもやけくそで山念仏を唱え続ける。えいよままよ、もうこの先どうなろうともよい、腹の底から山念仏を唱え続ける。

いつまで続くのかと考えていた時間の感覚はすでにない。頭に閉じ込められていた思考やら、皮膚のうちに包まれている筋骨臓腑すらも、身体の深奥から発する山念仏の気息とともに峯中の霊気となって散じてゆくようだ。足は軽い、声は力強い、頭のなかは空の器に風が通り抜けてゆくように、身体は空間を画するその形状が融解したかのように、山の霊気と融合している。不思議というよりも崇高、エクスタシー、生まれて初めて味わう感覚だ。涙が溢れて止まらない。私は山念仏に助けられた。この感覚体験が後に私が得度し、修験道修行の人生を歩む伏線となる。

東南院を出立してから、すでに十二時間歩き続け、山上ヶ岳に到着。奥駈の初日の行場の中心、表行場と裏行場がある。

表行場は有名な「西の覗《のぞ》き」。垂直に三百メートルほどの谷へ落ち込んでいる大岩壁のうえからロープでわが身をくくられ、腹這いになり、真っさかさまに大絶壁に吊り下げられるのである。「ありがたや　西の覗きに　懺悔して　弥陀の浄土に　入るぞうれしき」の秘歌に示されるとおり、わが身を天地の空間に委ねる「捨身の行」である。

裏行場は、累々たる大岩石を登り降り潜り抜けの連続。十八もの連続した行場からなる。裏行場は表行場のような儀礼化したものではない。空中につき出た断崖絶壁にぶら下がり、へばり付き、平等岩を一周する。ロープなどない。足下は千尋の谷、視界は空中。足を踏み誤ると確実に死ぬ。擬死どころではない。息のつまる瞬間、だが不思議とまったく恐怖は感じない。地震のときの十数秒の間に死の恐怖を味わいつくし、恐怖の感覚は神戸に置いてきた。

全身の感覚がますます研ぎ澄まされていく。

〝山上の蔵王堂〟と称せられる大峯山寺本堂での勤行を終え、初日の宿坊である東南院へ向かう。誰の装束も泥まみれで濡れている。一汁一菜の精進料理。日ごろ少食の私も猛烈に腹がすいている。ご飯五膳、胃に掻き込み明日に備える。

足の裏が猛烈に痛む。膝から下が腫れてパンパンに張っている。ほとんど素足に近いような底の薄い地下足袋で、山道に突き出た石や木の根を踏みしめ、岩をよじ登ってきた。足裏の痛みをこらえながら一歩一歩、歩を進め十二時間も登り下りしながらただただ歩き続けてきたのだ。

明日もまた、この痛む足でひたすら歩き続けるのだろう。

[光る熊野灘、超えてきた山並み]

七月十七日

午前二時起床、三時出立。小篠の宿、脇の宿など森の拝所で勤行をしながら行者還り岳を経て弥山に向かう。約二十キロ、十四時間の行程である。修験の聖地・山上ヶ岳を経てさらに奥の険しい道を目指すことから、この修行は「奥駈」と呼ばれるようになったという。

真暗闇の山中、行は岩のゴツゴツと突き出た下りの山道から始まった。昨日の痛みがまだ残っている足裏に尖った岩が突き刺さり、ピリッピリッと激痛が走る。懐中電灯でほんの数歩先を照らしながら進む。「足もと注意!」「根っこあり!」「段差あり、注意!」。前方から後方へと伝令を送りながら進む。小篠の宿、脇の宿など森のなかの拝所で勤行をしながらひたすら進む。人里離れた深い山奥、その祈りは人の力によって築かれた社寺ではなく、古樹・巨岩・

洞窟・草・雨や滝、そしてご来光など山の自然すべてに向けられる。純粋な心で合掌できる。自然な息づきが読経に変わる。

昼食は大きめのおにぎり二個を道中二回に分けて食べる。昼食の時間は十分足らず。休憩は稀、それも五分ほど。一日十四時間、痛む足を引きずりながら樹海のなかをただひたすら歩き続け、二日目の最終は、目のまえに地面がせまってくるような急坂を一時間半登り弥山山頂に到着した。

七月十八日

午前三時起床、四時弥山宿出立。三膳飯に薄い味噌汁、二切の漬物の朝食をすませ、暗く肌寒い大気のなかへ身を置く。霧が深い。装束が濡れてくる。尾根筋の道は木の根・岩石・ぬかるみ、かなり足場が悪い。懐中電灯で注意深く足元を照らしながら進む。足場の悪い山道を躊躇しながら腰を屈めて歩いているせいか右膝を痛めた。

大峯山系最高峰の八経ヶ岳(一九一五メートル)、その山頂に立ったときである。ここは山なのか、思わず自分の目を疑った。目のまえの光景をしばらくのあいだ理解できなかったのである。辺り一面の雲海のなかに山やまの頂の三角の形がそこかしこと突き出ている。大海原に無数の三角波が消え生じている、とこのように形容したほうがより的確である。

時をおかず山の景色は移ろう。雲海の切れ目からのご来光だ。辺り一面、朱に染まる。私の身体も朱に染まる。私の心の奥まで朱が照らす。

ここは宇宙だ。これを曼荼羅というのか。私はまさしく仏に会っている。涙が溢れ出し、「オン　アボキャ　ベイロシャノウ　マカボダラマニ　ハンドマジンバラ　ハラバリタヤ　ウン」、光明真言を知らず唱えていた。

このとき、私は心のなか、澄み切った気持ちで奥駈のお行を今回だけで終わらすまいと決意していた。

奥駈修行三日目のこの日は、八経ヶ岳から釈迦ヶ岳、深仙宿を経て前鬼山へと向かう。ご来光の感動も八経ヶ岳に置いてきたかのように右膝が痛む。長い下りだ。いつ着くのかといらだつような長い長い下りだ。右膝に激痛が走り、ころげ落ちるように谷川を越え、やっとの思いで前鬼の宿坊に到着した。午後六時を過ぎていた。

七月十九日

この日は身体と心を清めるため水行が行なわれる。厳しい登りと下りを繰り返し、ようやくたどり着いたのは前鬼の裏行場と呼ばれる最大の難所、三重の滝。その名のとおり、千手の滝・馬頭の滝・不動の滝からなる。二十八宿の鎖場は垂直な大岩壁である。手で岩の突起をつかみ足を岩の裂け目に嵌《は》め、鎖を握った腕で身体を引き上げるようにして岩壁の頂へと向かうのだ。命がけの厳しい状況にあえて身をさらすと、自分の命を守ってくれる大いなる存在が体感できる。

大峯山系は日本でもっとも降雨量が多い。山にもたらされた雨は森を育て田畑を潤し人びとに豊かな恵みを与えてきた。水行は山がゆりかごのように溜めたこの水に身体を浸し自然の神秘の力にふれる修行である。

盛夏とはいえ、山の水は冷たく肌を刺す。しかし、般若心経を唱え、不動明王真言「ナウマク　サンマンダバサラナン　センダマカロシャナ　ソワタヤ　ウンタラタカンマン」を繰り返し唱えるうちに身体はしだいに火照ってくる。大いなる存在が私のこの身体にゆるぎのない力を与えてくれるのが実感できる。心は無心。

七月二十日

女性行者の一隊と合流。奥駈修行も三分の二を終え、熊野まであと約五十キロの行程。午前三時起床、四時出立。山の麓から六時間の登りが続き、標高差約千メートルを登ってきた。このあと山を三つ登り、標高差およそ九百メートルを下り、奥駈の五日目は山中をおよそ十時間歩き続けて終わった。

七月二十一日

いよいよ熊野の山並に迫ってきた。峯中の六日目、緩やかな登りと下りを繰り返しながらしだいに山道は険しくなる。この厳しさと向き合いたい。自分の身体と心を極限まで痛めつけ、自分の人生を自信をもって歩むことができる私に生まれ変わりたい。そう願って己に課した奥駈修行である。

花折塚を経て、午前十時。出立から五時間、宝冠の森に着く。奥駈峯中のなかでここは神秘の森とされている。ここで私たちは死者の供養のために大峯秘法採灯大護摩供《さいとうおおごまく》と般若心経を壱千巻唱える、奥駈最大の祈りの行を修法する。その時間は四十分にもおよぶ峯中でのクライマックス。法螺貝が吹き鳴らされ、白煙が昇り炎が森に躍る。一心不乱の読経、打ち振られる錫杖の音。

　この六日間、社寺・祠《ほこら》に拝し、巨木も巨岩も、雨も滝も、太陽も闇も、神も仏も霊も、一木一草でさえ、山界曼荼羅として拝し、祈りをささげてきた。千三百年の山の宗教・修験道の息吹きに触れた思いがする。

　玉置山（一〇七六メートル）の頂に立つ。行く手にははるか山やまの向こうに熊野の海が光っている。背を翻すと、ここまで駈けてきた大峯山系の山並が、淡い雲のなかに霞んでいる。私たちはその山並みに向かい「拝み返し」の勤行を行なう。遠い遠いはるか彼方まで視線が届く。「あんなはるか彼方から歩いてきて、いま自分はここに立っている。こんなわずかな歩幅が連なって、あの無数の頂を越え、いま自分は確かにここにいる」。胸の奥から温い波動が込み上げ涙する。奥駈峯中、三回目の落涙。九天の彼方を見る思いだ。

　己の来し方を見る思いがする。どんなに苦しくても、真っ暗闇のなか一条の光さえ見出しえなくても、わずかなわずかな歩幅をただただ一歩一歩とまえに進めてゆけば、その先にはきっと何かがある。神戸に戻っても廃墟のなか、苦界のなかでも一歩一歩まえにまえに歩めばなんとかなる。新しい私が私のなかで生まれようとしていた。

私は、私をここまでたどらせてくれた大いなるもの、それと私自身に向けて祈りをささげた。

［重苦しかった身体のなかを風が吹く］

七月二十二日

いよいよ奥駈修行最終日。熊野まであと十五キロ、早朝、玉置神社を出立してから三時間、すでに二つの山を登り、そして越えてきた。午前六時、「南熊野早駈」と呼ばれる修行が始まる。標高千メートルから四百メートル、標高差六百メートルを駈け下る。山道を全力で駈け下るのだ。駈けるというよりも「飛ぶ」と形容するほうがより適切である。

「ホイッ！　ホイッ！　ホイッ！　ホイッ！」、掛け声の合唱が山に谺《こだま》する。飛ぶ。跳ぶ。樹に衝突。転ぶ。駈ける。飛ぶ。しだいに息が切れ、足腰が軋《きし》む。それでも、ひたすら駈ける。全力で駈ける。極限の状態に自分を追い込んでゆき、新たな自分への生まれ変わりを果たそうと、ひたすら駈ける、飛ぶ。極限の苦しみに違いないのに、不思議と満顔の笑みがこぼれる。

このとき、私の心に相反する二つの複雑な感情が起こった。早くこの過酷な修行を全うしたいという気持ち。そして、この充実した時間がいつまでも終わらないでほしいという気持ち。

駈け、飛び、転げ、跳んで、午前十時、いよいよ熊野にたどり着くときがきた。目のまえにあらわれたのは熊野川。私たちの一隊は、軋む身体と荒ぶる息を清浄な水に沈め水行する。自

●

分は修行を全うできたのか、この修行は自分にとってどのような意味があったのだろうか。自分の胸に静かに問いかけた。

汗と泥に汚れ、すり切れた装束。気が緩んだのか激痛が走る足を引きずりながら熊野三山を巡る。新宮速玉《はやたま》社、神倉権現を拝し、那智大社に参拝。大滝に向かって最後の勤行だ。これまでの道中でもっとも長い読経が続き、諸真言を繰り返し唱えた。

家を失い、身内や友を失い、ライフワークを失い、私の愛する神戸の街そのものが破壊されたなかで、喪失感とカラ元気にのた打ちまわっていた日常の営みを離れ、己の心の奥底にある弱さと向き合い、修行と祈りの七日間、大小四十余りの山と峰を越えて、私の大峯奥駈修行は満行した。

この夜は、那智勝浦の温泉に宿をとり、精進落としの直会《なおらい》が催された。久しぶりの酒の勢いが増し心地のよい酔いが回る。いつの間にか古参の男性行者が全裸で踊り始めた。酔いに誘われ私も数名の男性行者と一緒に裸で踊った。うら若い女性行者も手拍子ではやし立てていた。山岳宗教修験道の命がけの行を遂行した同志たちの大らかな宴である。

心がなごむ優しい道もあった。息が切れ全身が軋むような厳しい道もあった。雨風《あめかぜ》に叩きつけられながら、登ったら下り、下ったら登り、それを日に幾度も繰り返した。倒れて横たわる朽ちた大樹から小さな芽が出、無数の幼い生命が息吹いていた。まさしく生死一如《しょうじいちにょ》の世界。

心がなごむ優しい山道も人生。雨風に叩きつけられながら登り下りを繰り返すのも人生。地獄の底を思わせる絶壁に命を委ねる、これもまた人生。

内出血で真っ黒になりはがれ落ちそうな足指の爪、足裏から全身に拡がる軋むような筋骨の痛み、八経から拝んだ雲海を染めるご来光の燃えるような朱の色、拝み返しで涙に曇りながら眺めた大峯山系の峯々、道中唱え続けた山念仏「サンゲ　サンゲ　ロッコン　ショウジョウ」。峯中、すべてに向き合い、大いなるものに心から祈りをささげ、そして自分自身に手を合わせてきた。

なすすべがないほど乱れ狂っていた心は鎮まり、鉛が詰まっていたかのように重苦しかった身体は、風が通り抜けてゆくかのように清清しい感覚と相まって、大自然が与えてくれた確かな力に満ち満ちていた。

山を離れ神戸に戻っても、自分と向き合い、かけがえのない家族と向き合い、愛する者と向き合い、喜び・悲しみ・苦しみとしっかり向き合って生きてゆこう。新しい魂を宿した私が誕生していた。

五十歳になったら、祥福寺で在家得度、禅の道を極めてみたいと人生設計していたが、修験道の道に入ることを決意し、金峯山《きんぷせん》修験本宗法池院の住職・清水隆泉師を師僧に得度受戒、のち加行《けぎょう》・検定を経て本山教師となる。師僧の法名から「泉」の一字をいただき「治泉《じせん》」の法名を授り、本名・叶健治を叶治泉に変えて新しい人生を歩むことにした。

［荒ぶる魂が求めた生の充実感］

私は昭和二十二年六月二十八日、この世に生を享けた。生来の虚弱児だったと聞いている。四歳のときに右足股関節を病み、当時は治療が不可能で皮革ギブスを固定したままの生活で、身体障害者手帳が交付されていた。小学校一年生のときは一年間まるまる休校した。子どものの社会は無邪気であるが、ときには残酷でもある。私はつねに近所の子どもたちから「ビッコ、チンバ」とからかわれていた。

私は「ビッコ」の気弱な子どもだった。外に出て遊べないので家に閉じ込もって本を読みあさっていた。物語を読むことが当時の私の唯一の楽しみだった。偉人伝や剣客・豪傑伝がとくに好きで、弱虫の私が物語の強い主人公に変身する白日夢に浸っていたのだろう。

当時の私の夢は強くなること。その思いは日に日に増していった。やがて近所の大人に空手を習うようになった。虚弱で気弱で、「ビッコ」でいじめられっ子の自分自身が嫌で、ただただ強くなりたかった。

記憶は定かではないが、小学校高学年ぐらいになると、私は近所のわんぱくどものがき大将になっていた。空手のおかげで喧嘩が強かったせいである。不思議なことに、このころには不治といわれていた足も治っており、「ビッコ」とからかわれることもなくなっていた。あいかわらず読書は好きだったが、学業は退屈なだけで興味をそそらず、運動に熱中していた。体を鍛え、空手が強くなることに異常な情熱を注いでいた。中学に入ると空手の他に剣道場に通いだした。

気弱な心、本来の優しい心を奥へ奥へと仕舞いこんでいくかのように、荒ぶる心が生まれてきた。

番長と目される不良たちとつきあい始め、不良グループたちと喧嘩に明け暮れる日々を過ごしていた。高校になると、空手も剣道も有段者になり、喧嘩も場慣れし、悪童どもからは、いっぱしの番長と目されるようになっていた。

心の奥に封じ込めた本生の優しさと見せかけの荒くれとがつねに衝突していた。そんな心の葛藤をうち払うかのように、人知れず本を読み、美術を愛した。本を読んだり、映画を観たり、音楽を聴いたり、美術を愛《め》でるのは女女しいこと、そういう未熟な思想があったのだろう。荒くれ者と女女しい私。まったく正反対の私が私のなかにいた。

高校生になると、身長は一七三センチ、体重七五キロ、胸囲は一メートル近く、筋肉隆隆。喧嘩も半端ではない。刃物を持った二、三人のヤクザと素手で渡りあい、殴り飛ばしたこともある。悪名が神戸中にとどろき、ヤクザの組から勧誘に来たこともあった。喧嘩相手の顎を砕き、肩の骨を折ったこともある。私も腕や脚をドスで切られ、頭を石で割られたこともある。本物の荒くれ者になっていた。

●

高校を出て、東京で四年間、学業生活を送る。七〇年安保の凄まじい学生運動の嵐が都内に吹き荒れていたころである。私の心もますます荒れていた。人生の目標も見出せずに、荒れる都会の昼なお薄暗い四畳半一間のアパートで孤独感に打ちひしがれていた。荒ぶる心とさびしさを酒で紛らすようになっていた。酔うと余計に心が騒ぎ孤独感がつのってきた。

こんなすさんだ生活の最中、妻と知りあい、時をおかず、四畳半一間での同棲生活が始まった。妻の明るい、屈託のない性格、献身的な母性愛に包まれ、心なごむ日々を過ごすこともあった。しかし、たちまち生活苦が二人を襲ってきた。展望の開けない、将来の不安感に、酔っては妻に当たることもたびたびだった。そんな自分自身がなさけなくなって、また酒を飲み荒れる。楽天的で働き者の妻を幾度泣かせたことか。

東京での、このような生活のなか、気功と出会った。一九六六年、中国山西・揚家太極拳師家、揚名時老師とは不思議な出会いだった。「太極拳」という言葉の響きが武道好きの私の心を捕えた。それまでまったく耳にしたことのない「太極拳」というものを、空手のような中国の拳法と勘違いしたのである。

踊りのような流れる老師の動きに不思議な魅力を感じ、弟子入りすることになった。ずっと年月を経た後に聞いたことだが、このときの老師の表演が日本で太極拳が実演された最初だという。私は日本で最初に太極拳を習った一人ということらしい。

水に合わない東京での生活苦と心の空白に何か夢中になれるものを求めていたのだろう。爾来、現在まで三十五年間、太極拳・気功をすることになろうとは、まったく偶然の不思議である。

妻と二人、実家のある神戸に戻ってきた。このとき、すでに妻は身重。長男が誕生したのは私が二十二歳のときであった。私は法律特許事務所に勤め、いちおう世間一般のしあわせな生活を装ってはいたが、地に足がつくという実感がなく、心の不全感がずっと私につきまとっていた。

私はつねに演じて生きてきた。自分自身を裸にして人と接するのが不安だった。かく思われたい私の像をつねに演じて生きてきた。ひ弱で身体障害者だった少年時代からの悲しい習性である。臨済宗妙心寺派専門道場・祥福寺で座禅修行を行なうようになったのも心の空白を埋め、己の囚われを解き放つためだった。

法律特許事務所から大手英会話学校に取締役として転職。英会話学校の教師たちを引率して参加した英語教授法のワークショップで、㈳才能教育研究会講師の中垣寿彦先生と出会ったことが、私のその後の人生を大きく変える重要な伏線となるのである。

誠実な人柄と当時まだ新しかった大脳生理学を踏まえた英語教授法の理論に私は感動し、さらなる教えを請いたいと願い出て中垣先生と縁を築いた。

長野県松本市に住まわれていた中垣先生をたびたび訪問し教えを請うているうちに、同会会長の鈴木鎮一先生をご紹介いただいた。鈴木先生は幼児の音楽教育スズキ・メソードで世界的

●

に有名なかたで、そのお名前だけは存じていたが、音楽の世界とは縁遠い私、鈴木先生の偉業はまったく知らなかった。

鈴木先生のご著書をすべて読み、幾度も先生とお会いしお話しさせていただくうちに、知らなかったとはいえ、先生の偉大さに驚き、そして何よりもその崇高な精神に心を打たれた。幼子のような一点の汚れのない魂、会う人を魅了する笑顔。そしてあるとき鈴木先生は私に向かって、「叶さん、英語を教えることばかり勉強してもダメ。おチビちゃんのことを勉強してごらん。幼い子どもの〝内なる生命の声〟に耳をかたむけてごらん。叶さんは感じる能力があるから頑張りなさい」。慈愛に満ちた目で私を見つめながら、神のような笑顔で優しく私にこう言ったのだ。

「感じる能力」とはどういうことだろう。私の心のなかに宿題が宿った。

鈴木先生との出会いを機に、私は大脳生理学・発達心理学・生殖生理・性科学・胎児行動・食養などを猛烈に勉強しながら専門分野の研究会にも加盟し、専門家たちとの人脈を拡げていった。㈶幼児開発協会の理事長で当時ソニーの社長であった井深大氏に知遇を得たのもこのころであった。

私は英語だけの教育に飽き足らなくなっていた。英会話学校を退職し、マタニティ・〇歳児から小学生までを対象とする、乳幼児教育・神戸アカデミーを設立することになった。一九八五年九月一日、私が三十七歳のときであった。

私独自の乳幼児教育法「ホリスティック・エデュケーション・メソード(全人まるごと教育法)」を開発し、マタニティ・〇歳児から小学生まで連動して、食育・体育《からだそだて》・徳育・美育・知育を母子に指導してゆくのである。

「獣身を成しつつ人心を養う。知的なターザンのような人間に育てよう」と父母たちに訴えつづけた。

人間の能力は生まれつきではない。生まれた子は、大自然によって与えられた、生きようとする生命の働きのままに、おかれた環境のなかで、その環境に適応して、それぞれの能力を身につけていくのだ。好ましくない人に育ったのは、好ましくない育てられ方をしたのだ。できない人になったのは、できない人に育てられたのだ。この世に生まれたということ自体が、やがて死ぬことと同様に、すでにどうしようもないことだ。けれども、よかれあしかれ、いったん育てられた私たちは、死ぬ日まで、自分で生きねばならない。するとそこに、いかに生きるかという、のっぴきならない大問題が出てくる。育てられなかった能力は自分でつくらなければならない。非運にめげないで、よい人生に転換しなければならない。それはあきらめてしまってはいけないし、あきらめることもない。そしてそれは、ひとそれぞれに可能なのである。

鈴木鎮一先生から教えていただいたこのことを実行するために築きあげた、私のライフワークである。

生まれたばかりの赤ちゃんと接していると、私には赤ちゃんの言葉が聞こえてくる。赤ちゃんの気持ちや意思が手にとるように理解できるのだ。父母たちは不思議がったが、私はまだ言葉もしゃべれない幼子たちと心で話ができる。幼子の〝内なる生命の声〟が聞けるのだ。これを「感じる能力」というのか。気功や禅は、目に見えない大いなる生命の究極の相《すがた》を観る、〝観《かん》〟を養う道にほかならない。

のた打ちまわりながらも生きてきて、知らずしらずに私の心の奥に築かれた大切なものが綾を織りなすように育児の仕事に結実されていった。幼子の心を瑕《きず》つけず、幼子たちに輝かしい未来を保障してあげたい——人生の確かな目標が築かれていった。毎日毎日が新鮮で、充実した心がだんだん育っていった。

日本で初めての乳幼児教育の本格的な機関で、幼児教育界では画期的なシステムと評され、テレビ・新聞各紙のマスコミも取材・報道を幾度となく行なった。幼子と接する毎日の仕事そのものが私の心身の癒しであった。

開設から十年を目前にして、将来のために、少し背伸びをして規模拡大の投資を行なった。阪神淡路大震災が起こったのは、それから二か月後のことだった。

[廃業、〝神戸癒しの学校〟づくりへ]

大峯の山から神戸に戻って二か月半後の一九九五年十月一日、ちょうど開設十年目のこの日、乳幼児教育・神戸アカデミーを廃業した。このとき、私はいままで築いてきたすべてを失った。家・仕事・全財産。私に残ったのは妻と二人の子どもと友人たち、それと返すあてのない多額の借金。

この日から、すさまじい経済苦のなかでの生活が始まった。妻はパート勤めに出、私は友人の会社に一年間世話になり、その後、工事現場のガードマン、建築の雑役夫、牛乳配達。なにせ本当に一文無し、日銭をかせぐ仕事に慣れない体に鞭打った。

私は現在、「神戸癒しの学校」を主宰し、自分を癒し、人を癒したいとの思いでつぎのような仕事を行なっている。

神戸気功会

中国気功を代表する各流派の気功を幅広く、奥深く教授するために神戸市内の四教室で気功を指導している。三十五年間、私の心と体と人生を支えてくれた気功、その精髄を一人でも多くの人に伝えたい。

神戸快療法院

快医学、気功療法、レイキなどの触手療法や私があみだしたボディーバイブレーションによる施術、健康相談やセミナーを行なっている。

セクシァルヒーリング・タオ

性欲・性行動障害で悩んでいるかたに、タオ式セクシアルヒーリング(性の活力をいかす癒しの法)を行なっている。性は生なりだ。

乳幼児教育・神戸アカデミー

ホリスティック・エデュケーション・メソード(全人まるごと教育法)にもとづき、マタニティーサロン、〇歳児・母と子のペアスクール、育児相談を行なっている。

修験道・禅

修験道のさまざまな行法・滝行・止観行・霊山入峯行・護摩供修法・加持祈禱を行なっている。また、臨済宗妙心寺派専門道場・祥福寺での参禅を行なっている。

学校と名乗っているが校舎はない。私の自宅を事務所にして、神戸市営の会館や集会所で活動を行なっている。すべて私が一人で行なっている。固定経費を除くためである。

右記五つの活動を総合して「神戸癒しの学校」と称している。

活動はおのおの独立しているが、育児を核にして気功の分野、治療の分野、性の分野、宗教の分野があたかも陰陽五行を型づくるように構成されており、五つの扉のどこを開けても〝気の世界〟に通じるようになっている。

「神戸癒しの学校」は「産み・育て・(親として)育ち・治し・癒し・死」のライフサイクル全般にわたっての癒しの場の構築を目指している。

幼少期の暗い原風景、青年期の荒ぶれた生活、壮年期の惑い――私の五十三年間の人生で得たものから、捨てたもの・失ったものを差し引いて、いまの私に残った五つの魂の宝物である。

経済力がないので宣伝はまったくできない。いま現在、妻の勤めと合わせても日々の生活がどうにかできるかできないか、という状態である。借金などとうてい返せるあてなどまだない。借金取りに追われたり、電気・ガス・水道を止められそうになったり、ときどき電話を止められたりの惨たんたる日常である。日々の生活苦と悩み・不安・夢・希望――煩悩といわれるこれらが混濁した娑婆で、もがきのた打ちまわりながら生きている。

大峯奥駈修行を経てから、生きるというのはこういうことなんだと思えるようになった。

真を求めては偽をなし、善を目指しては悪に染まり、美にあこがれては醜を見なければならない。人間は、「真・善・美」と「偽・悪・醜」を両方に乗せた天秤を肩に担いで生きているようなものだ。一方に揺れては他方に揺れ戻る。ゆらゆら、ゆらゆら、それが生きるということだと、そう思えるようになった。

私は、この混沌とした娑婆からもう逃げる気はない。混沌たる苦界に身をたっぷり浸しながら、九天の彼方に笑む。大地に足をしっかりとつけながら遠い遠い眼差しを絶対になくすまいと心に決めている。どんなに苦しくとも。

［山の行より里の行］

修験道は在家宗教である。優婆塞《うばそく》（在家僧）・優婆夷《うばい》（在家尼僧）が在家の生活をしながら菩薩道を実践していく。いま、ここ、世俗にまみれながら自利利他円満の修行徳目を行じていくのである。

修験道の教えに「山の行より里の行」ということばがある。どれほど厳しい修行を経ても、その修行で得られたことを日々の暮らしのなかで生かし深めていかなければなんにもならない、というのだ。

私は幼いころ、虚弱児でしかも身体に障害を負っていた。肉身をはじめ人びとの援助の手がなければ生きてゆくことができなかった。いつも、他者のご機嫌を気にしていた。他者から可愛がられる私、よい子の私を演じて生きる習性が身に染み込んでいる。知命――五十にして天命を知るという――の現在においてもそうである。

人の衆目がなければ心寂しくなる。人に尊敬されうる私を無意識に演じてしまう。人の目のあるところ裸になれない。人に私をこのように見てほしいと鎧を着けて着飾る。他者が見ている私、他者が愛する私は、結局のところ私自身ではない。

こうして、この五十三年間生きてきた。

人の目につかない里の行をしてみよう。人から感謝されたり、お礼をいただいたり、あらゆる報酬を期待しない無償の利他行をしてみよう。

牛乳を配達していたときのことである。車で百五十軒分の牛乳を早朝、配達していた。約四時間かかる。牛乳を入れるボックスが汚れているのが気になった。余りにもひどい汚れ方にそのまま牛乳を入れるのに少し心がとまどった。しかたなくボックスをきれいに拭いた。まるで自分の心を拭き清めたかのように心が清清しくなった。

その日から、月に一度、百五十軒の牛乳ボックスを心をこめて拭くようにした。ボックスを拭くのではない、己の心を拭き清めるのだと自分に語りかけながら。月に一度の牛乳ボックス拭きの日を「洗心日」と名づけた。いつもは約四時間で配り終えるのだが、洗心日は約七時間以上かかった。事故を起こし車が使えなくなり、牛乳配達の仕事ができなくなるまで一年以上、洗心日は続いた。

心が豊かに育っていくのが実感できた。

生きるとは「暮らす」こと、その積み重ねが人生。人生をいかに充実させるかは、暮らしをいかに充実させるかにほかならない。暮らしのなかで出会う人、私を頼って訪れる人に対し、人の悲しみには涙し、人の苦しみを私の苦しみとし、人の喜びを私の喜びとし、共感共振して生きることがだんだんできるようになってきた。どんな苦界にあっても〝感じる心〟を失わず生きる、それが私の菩薩行、それが私の里の行である。

世俗にまみれのた打ち回って暮らしている。世俗を離れ林のなかに身と心を鎮めることなど私にはまだまだ夢のまた夢。だが、私には一年に一度、身体と魂が帰る故郷の癒しの杜がある。前後二日、峯中七日の大峯奥駈修行は、一年間世俗にまみれて暮らしてきた私の心の物忌《ものいみ》である。

あるがままの人生をあるがままの心で生きよ、と仏が私に囁くが、なかなかその通りには生きられない。「上求菩提《じょうぐぼだい》　下化衆生《げけしゅじょう》」、仏の心を求め、夢・希望を求めながら、現実の暮らしは、経済苦から現状を憂い、人を恨み、わが身を悲しむことがしばしばだ。ときを重ねるにつれ、このような心の葛藤が身体の奥に澱《おり》のように沈殿してくる。

世俗の澱の沈殿物で破裂しそうになった心と身体を引きずりながら大峯に入峯するのだが、満行後は心と身体が空になる。空になった心身に大いなるものが恵み与えてくれた確かな力が満ち満ちている。この力があるからこそ、つぎの奥駈までの一年間、里の行ができるのだ。

この原稿を書き終えた一か月後、私は六回目の大峯奥駈修行に入る。私の心のなかに癒しの杜を育てるために。

気抜けの塔で唱えた秘歌が、このころなぜかやけに気にかかるようになってきた。

「――本来　空のすみかなりけり――」

祈りの国の大地に生きて

インド修行僧からネパール現地ホテル支配人へ──

成松幹典

〔青春の日々、冒険への旅立ち〕

工業高校機械科を卒業し、横浜の航空機の整備会社に就職した私は、一年も経たない間に航空機の勉強に一番嫌いだった英語の壁を感じ、英語を覚える目的もあって、海外に出る決心をしました。一九六六年のことでした。当時の海外渡航自由化の波に冒険心をかき立てられたこともありました。

不安と冒険心の固まりで横浜の港から船上の人となり、同僚たちの投げる七色の紙テープに

●

見送られ、未知の世界への憧れは現実のものとなっていきました。フランス郵船なる船のデッキクラスは当時一番安く、海外に出るための人気ある手段でした。十日ほどでバンコックに到着、ヒッチハイクで南下を始めたときは、所持金は一万円に満たない心細い旅です。バンコックでマレーシアのビザの申請をするにあたり、所持金がいくらあるか質問されるということで、ユースホステルに同宿していた旅仲間から見せ金を借りてビザを取得したこともありました。

幾日かの後、タイの南部国境に至り、ここを歩いて出国しましたが、その前夜は中間帯の林のなかで野宿もしました。早朝、マレーシア側の国境事務所に入り、ここで所持金がない理由で入国を拒否され、一日中待ちました。さいわいに持久戦は効を奏し、夕暮れのころ、一週間の通過滞在許可を貰ってマレーシアに入国していった思い出は、いまも強く記憶に残っています。

一週間の滞在許可しか貰えずに悲壮な気持ちでマレーシア側を歩き始めたところへ車を止めてくれたインド紳士に救われました。このインド紳士の紹介で日本企業の係わるダム工事に現地採用で半年間アルバイトさせてもらうことになり、所持金のほとんどない状況のなかで、現地額の給料とはいえ、藁をもつかむ幸運でした。ビザもおかげで延長されました。

日本を出てからここまでの約二か月間はいかにお金を使わず過ごすかの日々で、親に近況報告などする切手も買えず、親は息子はもう死んだものと諦めていたそうです。ともかく現地採用で働いていた間は心身ともに安心の生活でした。そしてここで溜まったわずかのお金をもとに貧乏旅行は続きます。シンガポール、インドネシア、そして東ティモールを経由して豪州に至り、ここであらゆる仕事をしながら青春の旅を続けました。

ヒッチハイクでの言葉は手振り身振りの世界でしたが必死でしたので、しだいに英語会話が身についていきました。豪州での生活は英会話力を伸ばしてくれるよい機会になりました。二年間のうちに多くの友人に巡りあい、農園・農場・製肉工場や道路工事等で得た貯蓄を持って、文無しから少し上の貧乏旅行はふたたびインドネシア、シンガポールを通りマレーシアに入って、ペナン島からいよいよインドへの航海となりました。三日間のデッキクラスでの船旅でマドラスに足を踏み入れ、はじめてみるインドの様が異様であったことをよく覚えています。

初日の宿で貴重品以外はドロボーに遭い、いろいろと増えていた旅行用品を失ってほぼ手ぶら状態になりました。シンガポールで思い切って買った高級カメラは、売ってお金にする思惑とは逆に、知りあったヨーロッパの旅行者に騙し取られました。所詮、必要以上の金銭は回ってこない運命にあるようです。

マドラスからはまっすぐヨーロッパに抜けて働く計画でしたが、なぜか変更してインドの東玄関であるカルカッタに行くこととなり、三等列車の車中の人となりました。初体験のインドの三等列車はギューギュー詰めで飲まず食わずの一人旅、ようやく三日目の朝、混沌とするハウラ駅に恐々と降り立ちました。

［藤井日達上人との出会い］

カルカッタでの生活はインドに入るまえのたんなる貧乏旅行から、これに神仏の世界に対する求道的な要素がはいった、いわゆるヒッピー入門の始まりだったと思います。カルカッタの町は新旧、貧富、それに清潔と不潔、衛生と非衛生が雑然と混在し、これにバグワン、すなわち〝神〟、しかも数限りない多種の神々が実生活に共存する世界で、いままでの価値観とは次元を異にする不思議な場所でした。とかく先進国では、企図されない存在を排斥してしまう傾向がありますが、このカルカッタの町はお互いにその存在を否定しない、寛大で、人間が本来もつ優しさの本性を見せてくれたように思います。

どこの国にも宗教はありますが、インドの宗教性は実生活と表裏一体的な密な雰囲気があります。ヒンズー教最大の聖地であるベナレスのガンジス河のほとりに見る、異様とも目に映る祈りの光景は、生きた者と死んだ者が同居して繰り広げられる生死一体の人間社会の真実を隠さずに表現していると思います。混沌としたなか、ざっくばらんで一見とりとめなく見えるインド社会は強烈なほどの刺激性をもち、先進国からくる感受性旺盛な若者に不思議な魅力をなげかけています。もちろんインドの環境が肌にあわず足早に去っていく旅行者も少なくありませんでした。

今日のインドはコンピューター産業も世界の舞台へと進出して、しだいに近代化が進みつつあります。こんななか、社会の環境も当然変わってきていますが、根強い信仰は今後も失われることなく継承されていくと思います。

さて、カルカッタに入ってひと月ほどがすぎるころ、観光局で貰ってきた一枚の市内地図のなかにJapanese Temple（日本寺院）の記載を見つけました。直観的に、お寺であれば食住の恩恵にありつけるのではとの意識と、日本のお寺がなぜあるのかとの好奇心も重なり、訪ねてみました。この訪問が、私のその後のお師匠様、藤井日達上人との出会いの第一歩でした。

この日本山妙法寺と称するお寺を訪ねたとき、一人のお坊さんが大太鼓を打ち、南無妙法蓮華経と唱題をされておりました。私はしばらく本堂内の後部に座っていましたが、御宝前に向かってのお勤めをやめる様子もなく、太鼓を打ちつづけていましたので本堂を出て帰ろうとしたときに、お勤めを止められて話しかけてこられました。

「なんのご用でしょうか?」「しばらく泊めて貰えますか?」「いまはだれも泊めないことにしてあります!」「そうですか、失礼します」。そして門を出ようとしたとき、チョッと、と呼び止められ、「二日でよければ泊まっていってください。ただ朝夕二時間のお勤め、プジャには参加してください」「ハイ、わかりました。ありがとうございます」。

篠崎上人というかたの優しい気配りで、一夜を過ごしました。しかし二日目になっても今日までで出るようにとの指示もなく、四、五日がすぎたころ、「一週間ほど外出するので留守番をしていてください」とのことで、ジャラジャラと束になったお寺の鍵を渡されました。留守のあいだ、言われたお勤めは神秘なことをしているような感覚で、すすんでやっていたことを覚えています。

このカルカッタの日本山妙法寺は一九三五年にできたお寺でコンクリート造り、インド風建築の二階建てのお寺です。本堂はモザイク仕上げで直に座ってお勤めをしますが、いつも暑い国ですのでかえって気持ちよく座れます。当時は篠崎上人だけがおられました。お勤めは朝夕の二回、二時間ずつ行ないますが、終始タイコを叩いて大声でお題目を唱えます。この間、一般のインドのお参り客が出入りしますので、このかたがたにもうちわタイコを渡し一緒にお勤めをします。ほとんどがヒンズー教徒のかたですが、仏陀への信仰もヒンズー教が多神信仰のため、別な宗教であるとの厳格な区分けはなく、ヒンズー教の一神様であるとの考え方でお寺へお参りされます。インド国民のもつ懐の深い包容力は、このあたりの宗教観念から出ているように思います。お参り客は二、三粒のプラサードと呼ばれる甘い金平糖のようなお供物をありがたそうに貰って帰っていました。

篠崎上人は結局、十日ほど後に他のお坊さんとラジギールというところから車で帰ってこられました。数日後、買物の荷物を積んで車が帰るということで、一緒に行きますかと聞かれ、どことも知れないそのラジギールに行くことになりました。

ラジギールは日本名で王舎城と言い、仏教徒なら皆さんが周知の聖地です。いわゆるブッダガヤで悟りを開かれた仏様が修行時代にこのラジギールを訪れ、当時の王に成道の後はかならず帰ってきてこの地で法を説くと約束した場所です。町外れに霊鷲山《りょうじゅせん》という山があり、この場所に停まって壮大なる説法を展開されました。そのなかでも法華経の説法は八年の長きに及んだとあります。

車は早朝にカルカッタを出て、夕方、この運命の日本山妙法寺、王舎城道場に到着しました。そしてここで藤井日達上人、私のお師匠様と出会うこととなり、人生の一大転機となったのです。

お付き添いのかた「きょう来られた成松さんです」

お師匠様「ハー（驚いたように）、どこから来ましたか？」

私「カルカッタから来ました」

お師匠様「ハー（同じ）、インドは不思議なところですね‼」

出家のお弟子さんがたや、旅路に停まって修行中の日本人旅行青年たちが同座するなかで、会話はこれで終わりました。なにか違った感じで神妙になっていたように思います。

お師匠様はご自分がみずから考案された黄色のお衣を左肩からかけておられました。南方系の出家のまとう僧衣の色と同じですが、布のサイズが約半分しかありません。これは歩きやすいことが第一で、洗いやすく安価であることの意味も含まれています。質問に答える私の返事に顔全体で反応されるお師匠様の姿を印象深く覚えています。

●

お師匠様はいつもお勤めのあとにご自室まで挨拶に来る弟子にお話をされたり、逆に聞いたりされておられました。このご自室の会話は本堂で話される固い法話とは違い、どうしたかい！　とか、そうかね！　とか身内的な雰囲気のなかに大きな笑顔も見せられて、弟子たちも楽しみな日課の一つでした。お師匠様のこの笑顔にはどの人をも魅了してしまう不思議な力があったと思います。しかし逆にお叱りのときの怖さも人並み離れたものがありました。当時、八十五歳であられたお師匠様の美しい笑顔もお叱りの厳しいお顔も、仏様のお慈悲の相そのものだったと思います。

お師匠様はこの年、霊鷲山のそばの多宝山山頂に高さ約四十メートルの仏舎利塔を完成させ、インド大統領を招待して落慶法要を行なっていました。還来帰化と称して、インドから日本に伝わり日本で成熟した日本の仏教を今日のインドにお返しし復興させたいとのお師匠様の誓願がここにあります。今日の世界各地に活動する日本山のご出家の多くはお師匠様の高徳・誓願に心打たれて信仰の道に入ったかたがたです。とくにこの宗教の国インドでのお師匠様との接触が大きく影響を与えているようです。

当時この王舎城には数多くの青年たち、とりわけ日本の旅行青年が出入りをしていました。この時代の青年たちの旅は私もそうであったように「どん貧」の旅でした。そんななか日本山妙法寺は、望むだけ滞在でき、とりあえずの食住が与えられる、いわば厳しい旅路のオアシス的な意味をもっていました。ただし、たんなる宿ではなく真剣な求道の精神なくては泊まることのできない雰囲気がありました。お師匠様に会う縁に触れた二十代の旅行者で私の知るかぎりでも二十人ほどが日本山妙法寺の出家となって、お師匠様の唱える世界平和の仏教布教に活躍しておられます。

お師匠様はインドでの仏事、とりわけこの王舎城の仏事を、世界に仏法を広める、いわゆる世界平和の広宣流布の天王山と位置づけして、多くの時間をこの地で過ごしておられました。朝夕のお勤めのあとのご法話とは別に、一同で食べる食事のさいにはときおり冗談も交えながらかならずお話をしてくれていました。そのなかでお釈迦様もヒッピーだったと話されたことがあり、物質文明を離れて精神的な探究の旅路にある青年たちを大いに刺激し激励されました。日本をふくめ世界の先進国の社会環境では、精神的な満足感を失いはじめていたその渇きが、このインドで水を得て、多くの旅人に目覚めを与えたのだと思います。そしてとくにお師匠様との出会いは私にとって決定的な人生の道しるべとなっていきました。

[ネパールを旅し、出家の決心へ]

私が出家を決心したのは、それから三か月後のことです。この間、二度ネパールを往復しました。最初にネパールを往復したときの服装は普通のシャツとズボンでしたが、二度目は白のご修行衣を着ていたように思います。寝袋は必需品で、どこかに座るときや洞窟での生活に役

●

に立ちました。王舎城で借りたおタイコを持ち歩いたこのときは一見して修行者の趣もあったことから、人びとから寝場所や食事も供養してもらうことができました。

そしてこの二度目のネパールへの旅は私に不思議な体験を与えてくれました。ある日、ナガラジュナという麓から二時間ほど歩く山頂に一人登りました。頂上には小さなお寺があり、ちょうどこの日が年一度のお寺の法事とのことで、ラマ教のお坊さんやご信者さんたちが数十人でお祈りをしていました。なかにヨーロッパ系の外国人の男性が二人おり、現地のかたがたは日の暮れるまえに山を下っていきましたが、この二人は私と一緒に夜をすごすことになりました。

ちょうど満月の夜でしたので、一晩中月の光のなかでいろいろと喋ってすごしました。月の明かりにタイコを打ってお祈りもしていました。西に落ちてゆく月と入れ代わりにタイコの響きのなか、東の空から顕れはじめたご来光は、最初、仏様の頭の盛り上がりの「肉けい」となって輝き、つぎに仏様のお姿を見るかのようになると、両手を重ねた手のひらのうえに朱色の宝珠の玉となって輝き昇る幻想を見ました。一緒にいた外国人はなんと拝したかはわかりません。

日が昇り一夜の友と別れ、私は山を下ってカトマンズー盆地の向こうはしにある山に向かって歩きはじめました。ナガラジュナの山頂から見たご来光の昇る山に行ってみたくなったからです。

途中、下町で塩と少々のじゃがいもを買い求めました。いまは思い出せませんが、山で野宿をするつもりだったのかもしれません。しばらく目指す思いの山を登り、夕方になるころに人ひとりが寝られる程度の岩穴を見つけ、そこに落ちつきました。さいわいにもそばには少量の清水が流れており、ここで約二十日間をすごしました。

法華経の経文に「木の実を取り、水を汲み、薪を拾い、食を設け、乃至、身を以て状座となすに、身心は倦きことなし」という、王が仙人に給仕する姿を表現した一節があります。私は岩穴にお祭りした小さな御宝前の仏像にお給仕をしてすごしました。覚えかけのお経の暗唱も、薪を拾いながら練習しました。また岩穴は屋根の部分が案外平らでしたので、このうえに足を組んでタイコを打ち、お題目を唱えておりました。しばらくの生活はこのタイコのおかげではるか下のほうから何事かとたまに見にくる農家の人が、米や野菜、ジャガイモ等を供養して繋ぐことができました。

ある日、岩の屋根に座して気持ちよい冬の日差しに浴しながら南のインドを思案・想像していたとき、沸き立つような混沌としたインドの熱気を感じ、このまま平穏なネパールの生活をしているわけにはいかない、インドに帰らなければならない、と決心して山を下り、インドの国境にトラックで出て、そこからビハール州のラジギール、すなわち王舎城まで一週間ほどかけて徒歩で帰りました。道中はガンジス河を渡った舟代の一ルピーか二ルピーを使っただけで、寝泊まりの家と食事はすべて沿道で会った人たちが供養してくれました。出家をしたのはそれから間もなくです。

出家を決意した前夜だったと思います。多宝山で夜、お勤め中になにかに誘われたのかわかりませんが、歩いて二十分ほどの近くの山のうえに月明かりを頼りに歩いてゆきました。このときは衣類をつけていることが煩わしく感じ、丸裸で歩いていきました。後で聞けば、行ったところは二千三百年ほどまえにアソカ王の建てた仏舎利塔の跡とのことでした。日本を出て以来の文無し生活はここにきて、とうとう本当に私有物のなにもない、ゼロの存在になりました。

一九七〇年三月六日、二十二歳の誕生日に、多宝山の仏舎利塔の御宝前で当時主任をしていた八木上人というお師匠様の直弟子に剃刀を入れてもらい、出家得度をいたしました。出家となって法門のために身命を惜しまず、の経文を感受して自己啓発の結論に至ったわけです。偶然にもこの日付は多宝山仏舎利塔の一九六五年に行なわれた定礎式と同日でした。

後日、親に出家したことを連絡することとなり、両親の驚きと失望は想像を越えたものだったと思います。親不孝の連続でした。

［インド大陸で寺院建立と修行に励む］

日本山妙法寺の法門をここで綴る奥深さはもちあわせていません。とにかくお題目を唱えることから始まってお題目で終わる、一衣無宿の出家集団で、仏教の説く恒久平和のご祈念をお師匠様に帰依して信仰し実践している教団です。この平和思想の基本理念をもって、世界の縁ある場所に赴き、お釈迦様のご真骨を納めた仏舎利塔や寺院を建立しています。

インドは仏教を生んだ国で各地にその遺跡がありますが、しかしどこも荒廃しており、近年各国の仏教徒がその復興を手がけるようになりました。王舎城もお師匠様の誓願により復興のときを迎え、私も出家の縁あってこの地、王舎城でご修行することになりました。

お師匠様は一八八五年に熊本の阿蘇で誕生され、十九歳で出家、四十七歳にして西天開教の大志を抱いてインドに渡り、八十五歳で念願の王舎城の仏舎利塔を完成させられました。私が弟子として出家をさせてもらったときはすでに八十五歳のご高齢でしたが、毎月行なう三日間のお断食は一切の飲食なし、しかも十四時間を連続で座してタイコを打って大声でお題目を唱えるという人間離れをしたお断食を、若い弟子たちが眠気に見舞われ、座ることも厳しくなる状況で苦戦するなか、背筋も曲げず磐石のように座して勤めておられました。

恒例で行なわれる十二月の成道会《じょうどうえ》（お釈迦様が悟りを開かれたのを偲んで行なう法事）の七日間のお断食も、信じがたい矍鑠《かくしゃく》たる姿で成就されておられました。若者の大声に混じって聞こえるお題目のお声も澄んで、しっかりと聞こえてきていました。仏様に対する信心の桁が違っていたのだと思います。「私が一歩下がればお弟子は百歩下がる」と、ときどきおっしゃっていたことを思い出します。弟子である私どもにとってお師匠様そのかたが仏法であり、仏様の存在そのものでした。

●

一九八四年、三十六歳で還俗して帰国するまでの十四年間の青年時代のすべては、聖地であるこの王舎城の仏跡復興に没頭しました。終日を唱題行で過ごす生活のなか、二つの寺院の建立に携わる仏事にも恵まれました。

歴史的な多宝山仏舎利塔の落慶法要が終わった約一か月後にはじめてこの地を訪れて以来、日本山妙法寺での生活の魅力にひかれてゆきました。山の岩を割って壁とした広さ六畳ほど、石造りの二階建ての多宝山にはその当時、満足に寝る設備などなく、二階が仏様を祭った本堂で、一階は出入り口の部分を除く三方向の壁にセメントでできた六十センチ幅のベンチが張りだしているだけの状態でした。このベンチは休むさいのベットとなり、三人以上の仲間がいるときは二階の本堂にごろ寝をしたものです。このベンチの下は食料置き場で、十八リッターサイズの石油缶に米やスープにするダール豆、それにアタと呼ばれる精製してない小麦粉が入れてありました。野菜は玉ねぎ・じゃがいもが主で、他にはこのアタで作ったチャパティという薄いパンにつけて食べる黒砂糖を溶かしたものがありました。肉・魚などはいっさい無く、じつに質素というか貧乏な食生活を続けたものです。この溶かした黒砂糖液などは唯一の甘味品でしたので、チャパティにつけて食べる朝食は修行する者の楽しみでした。

多宝山の仏舎利塔にはここに登るお参りの人びとのために設けた当時インドでただ一つのスキー用リフトが話題で、お祭りや連休が続くときなど、この小さな入り口一つの本堂は狂信的ともいえるヒンズー教徒を中心としたお参り客で大混乱となり、出入り不自由の状況になりました。夕暮れとなり参詣人の立ち去った本堂はお賽銭やインド人が神仏にお参りするさいに供養するお米・お菓子・花のほかに水や赤い粉までが本堂の仏壇や床一面に撒かれていて、これをありがたい思いで片づけながらインド人の祈りに対する計り知れないエネルギーを感じたものでした。

私が最初に建てることになったお寺は、この多宝山に必要となった大きな本堂でした。日本山妙法寺は世界各地に世界平和・広宣流布の仏事として仏舎利塔や寺院、すなわち道場を建立しますが、それは出家がみずから作業をして作りあげます。もちろん信者さんやその仏事に共鳴する協力者のいろいろなかたちでの援助があってのことです。私が携わったこの本堂の建設では、まずデザインを地元の親日家の仏教美術家で熱心な信者であったウーペンドラ・マハラティ氏にお願いし、その後は地元の左官・大工・鉄筋工を呼んで彼らの経験と知恵を借りて一緒に検討しながら作りあげていきました。日ごろから町場で行なわれている工事を見ていましたので、職人たちの意見を軸にしながら、町場の手抜き工事的なものに比べ鉄筋もセメントも多く使い、丈夫な建物にしました。知り合いの建築技師にときどき見てもらいアドバイスも受けました。屋根など広い面積のコンクリート打ちの作業はいわゆる人海作戦で、百人以上の男女が手で混ぜ合わせたコンクリートを直径四十センチほどの鉄なべに盛ってそれぞれ頭に乗せ、屋根に運んでゆきました。昼食はお寺で米とダール豆を混ぜて炊いたキチュリというインドのお粥に生の玉ねぎと唐辛子をつけて出したものです。われわれもつねに同じ物を食べる食生活でした。大勢のため皿が足らず、使っていた鉄なべをきれいに洗い、これにキチュリを大盛りにして食べていた姿を、懐かしくもおかしく思い出します。この工事は約二年ほどかかりましたが、日本の旅行青年たちも汗まみれで手伝ってくれました。資金は日本の信者さんたちが協力してくださり、金箔仕上げの素晴らしい仏像・仏具の一式も日本から送ってくださいました。

インド大地を四方に見渡す絶景の地に、インド仏教建築美術の美しいデザインを取り入れた手作り本堂は完成し、当時のインド首相であったモラルジイデサイ氏を主賓に、所在州であるビハール州の首相も同席して、無事この日本山妙法寺多宝山道場は落慶に至りました。

仏教史上もっとも古いといわれるお寺、竹林精舎を再現するための寺院建立は二番目の工事となりました。精舎の跡といわれる美しい公園のそばに、政府に申請して三エーカー(約一万二千平米)ほどの土地を貰うことになりました。お師匠様の四十年以上にわたるインドに対する精神的な貢献を政府も評価してくださったのだと思います。

工事は先の多宝山の本堂建立と同様に、資金があって始めたのではありません。つねに日本山の仏事は誓願が先に立ちます。このときにあったお金は七千ルピーだったことをいまもよく覚えています。当時は単純労働者の日給が八ルピーほどでした。今回もウーペンドラ・マハラティ氏にデザインをお願いしました、歴史上、最初に建てられたとされる仏教寺院の復興ということで六十メートル四方、千坪を超す大伽藍の構想を立て、今回はインド仏教建築と日本建築の両面の建築美を取り入れたデザインになりました。

工事はここでも現地の職人を中心にして労働者を雇用して行なわれました。大建築のため材料の調達に苦心しました。大屋根のコンクリート打ちにさいしてセメントがマーケットになく、たまたま工事現場にきた政府高官の夫人が事業の意義を理解されて政府に働きかけてくださり、政府の倉庫にあるセメントを二千俵、即座に都合をつけてくれたこともありました。

また、京都から来た建築家がこの建築現場を訪れ、詳細な設計図もなく建物の見取り図のみで、しかも手作りで建てている大規模工事にびっくりされて、日本に帰られてから持ち帰った見取り図をもとに詳細な設計図を一式、起こして送ってくださいました。この建築家の親身な協力は、われわれのインドでの工事技術の不備な面を、ずいぶん助けてくれました。

資金面では、日本のご信者さんがたに援助していただきました。お参りにこられた数多くのかたがたのご供養もありましたし、日本に帰ってからあらためて送金してくださったかたもありました。ご縁のあったみなさんの信心の力が大伽藍になって湧現したのだと思います。作ったというより、そこに建物が現れた、そんな気持ちにさせられました。

竹林精舎の落慶法要はお師匠様のご意向もあり、十月の多宝山仏舎利塔の記念祭にあわせることになり、毎日毎日超特急の連続でした。落慶の数日まえからは労働者数百人をも動員する状況になり、法要の前夜から法要の始まる直前までは後かたづけや準備作業で不眠不休。日本から参列のために来ていた多くのご出家や在家のかたがたも朝早くから御宝前の足場の竹をはずしたり運んだりの共同作戦となりました。お師匠様もうちわタイコを打って皆さんの作業に参加しておられました。そばに付き添う随身にも、必要ないから作業を手伝うよう指示され、お一人で車椅子に座っておタイコを打ちお題目を唱えていた姿を思い浮かべます。夜中の一時には営林省の管轄主任がお寺の回りに鉢植えの花や樹木を置くために私を訪ねてきたそうですが、蜂の巣をつついたような現場でとうとう私を探すことができなかったエピソードもありました。関係する現地のインドのかたがたの協力も必死であったと思います。

この落慶法要には、当時のサンジバレディ・インド大統領が主賓で参列してくださいました。近くの広場にヘリコプターで到着された大統領は、かたづけで騒然とした雰囲気の本堂に到着し、すでに着席している国内外の大勢の参列者が思わず歓迎の大拍手をするなか、大扉のまえでテープカットをされ、主賓席へ進まれました。近代のインドにおける仏教復興のモメントとなったお仏事だと思います。

[断食も出会いもすべてが修行]

仏舎利塔に参詣してくる数多くのインド人、日本人、そして諸外国のかたがたと接するご縁をいただくことができたことも喜びでした。ときにはお寺に滞在中の十数人もの旅行青年が、恒例である十二月の七日間の成道会の断食修行に参加したいとのことで、仏舎利塔の前広場にテントを張ってともに勤めたこともありました。青年に混じって米国の若い女性教員も参加したことがあります。前半の三日間と四日目にお腹を多量のレモン湯で流す一日を除いた後半の三日間はまったく水も飲まず、タイコを一日十四時間打って大声で唱題行をするわけですから、生半可にはできません。根性と我慢のご修行を皆さんよく勤めていたと思います。またこのような修行を通して各自にそれぞれの信仰心が育っていったように思います。

お断食は確かにきついものがあります。しかし頑張ることへの報いもあるようです。言葉では表現しづらいものがありますが、なにか不思議と仏教でいう六根が浄化されるのでしょうか、目に入るもの聞こえてくるものの感触がよくわかる気持ちになってくることがありました。仏教の基本といえる功徳を積む修行はお師匠様が朝に夕に教えてくださった肝心かなめの法門だったと思います。

また、朝参りの行もありました。王舎城の町場にある日本山妙法寺から五、六キロ離れた聖地の霊鷲山までご来光を拝むために早朝、うちわタイコを打ちながら徒歩で出発します。多いときは十人以上の青年たちと駆けるように行ったこともあります。二千五百年まえ、仏様がこの霊鷲山の地から毎朝拝んだはずのご来光は、インドの大地からじつに雄大に昇り、時を超えて拝む人の気持ちを魅了しました。日本などの都会化した環境で育ち、お日の出まえに起きることなど普段考えることもない青年たちの忘れがたい体験になったと思います。

山折哲雄先生との出会いも王舎城でありました。先生が一度、七、八名ほどの学生さんを連れてこられ、宿泊されたことがあります。出発のさいラジギールから五十キロほど先のガヤから汽車を捕まえて、二百キロ離れたベナレスに行かれるのでガヤ駅に見送りに行きましたが、学生にインドの現状を体験してもらうということで、予約なしの三等列車に乗る手配となりました。夕方、乗客で蒸し返すガヤ駅のホームに入ってきた列車の屋根はもちろんのこと、車輪を受ける車体の隙間にも人が入り込んでいるというすさまじい様で、黒煙を吐きながら近づく機関車の周りの手すり部分にも人が鈴なり状態でした。インドの乗客は降りる人も乗り込む人も順序はなく、とにかくどちらも我先が秩序ということで、山折先生も含め学生さんたちは入れそうな窓から頭を先にして押し込み方式でバラバラ状態で乗り込みました。全員が車内の押し合いへし合いに呑み込まれて見えなくなり、各人に大丈夫か！　の大声で存在を確認して、列車は薄暗くなりつつあるガヤのホームを離れていきました。私にとっても長いインドの滞在で忘れがたい、印象的な出来事として思い出します。

　その後、日本に帰られた先生からお手紙をいただき、あの列車は予定の到着時刻を四、五時間オーバーして、ベナレスに着いたのは朝の一時で、しかも駅の外は停電で真っ暗のなかを町に入っていったとの連絡がありました。このとき先生は、マハトマ・ガンディーがインド独立運動の交渉で英国に円卓会議で行ったさいの言葉、「いまから地獄の門に入る」を思い出したとありました。生徒さんがたにとってこの地獄列車の旅は、生涯忘れられないインド勉学の思い出となったと思います。

　カルカッタから始まったヒッピーの旅は、仏法への目覚めとなり、さらに一時期とはいえ出家として日本山の末弟子に連座を許されてわずかでも広宣流布のご修行をさせてもらうことができました。藤井日達上人という高貴で大徳の「お師匠様」と出会えたという大果報に恵まれたことは、私の人生の至上の出来事であり、十八歳で未知なる世界の旅を志した私の旅の到達点となりました。

お師匠様は私がインドを下がって日本に帰ったつぎの年の一月にご遷化されました。九段の武道館で行なわれた本葬に出向き、一輪の白い菊を献花させていただきました。ご恩を返す術もありません。一九八五年のことになります。

「還俗、そして帰国しての仕事」

還俗は出家したものがふたたび在家に戻るという、仏教の定義では罪深き行為です。出家として法のために身命を捧げるという誓願を途中で捨てるわけですから、仏様との約束を破ったことになります。経文に照らせば出家となる功徳は親の恩に報いるもっともすぐれたことであり、還俗することは逆にもっとも親不孝なこととあります。

私が還俗した理由は、私自身の内心に育っていた衆生教化願望の菩提心が崩れたからです。なぜ崩れたかは私の因縁にも因るかと思います。お師匠様の言葉に、「ご修行は刀の刃渡りのようなもの」との譬えがあります。自分の限界を意識せざるをえない時期を迎えたからだと思います。短時間でしたが精一杯の思考はしました。しかし、これまでと自己理解にいたり衣を脱ぎました。

一生の誓願を捨てて止めると決心したときの挫折感と今後の生活のことで胸中は穏やかではありませんでした。日本には手ぶら状態で帰国しました。しかし、日本を出てから十八年の歳月は、無信仰から法華経を信じお題目を唱えることのできる仏教信仰の宝物を与えてくれました。これから先の新しい生活の支えとなる心の糧を持ちかえることができました。

両親にはいつのときも結果しか言わず、今回も大変な悲しみを与えてしまいました。息子は仏様に上げたと割り切り、かえって「お坊さん」としての活躍に親の誇りと期待をもちつづけていた安心感を奪いさり、じつに親不孝なこととなりました。

インドでご縁のあったかた数名が成田空港に出迎えてくださり、当面の生活資金をご供養くださいました。九州の親元から東京に帰り、インドで知りあった友人宅で居候生活を始めました。父親がインドに私を訪ねていくつもりで置いてあったという百万円を貰い、他の数人の友人に資金提供をお願いして、帰国した年の七月に株式会社を設立してインドから紅茶や雑貨の輸入を始めました。

しょせん私は商売向きではありませんが、インドの事情がわかりそれなりの人脈をインドにもっていたことが、この仕事を始めた背景にあります。どこか会社勤めも考えましたが、突然まったく異種の環境に飛び込むことをためらいました。会社は一年後、友人の紹介で新宿に事務所を移すことになり、ここでネパールに移動するまで、営業をしました。またこのかん結婚の機にも恵まれ、四人の子どもをもつことになります。

商売はインドからの紅茶や民芸品・雑貨の輸入、そして小売店への卸業務が主でした。日本各地に宅配で送る販路もある雑誌等の宣伝を通して行ないました。自分が発注した商品がはじめて手元に到着したときのワクワク感は、いまも忘れられません。ときには利益のことより自分の興味本位で物を輸入することもしばしばでした。

インドの物品には魅力的なものが数多くあります。ダージリン紅茶は世界最高の色・香・味を誇る希少な紅茶です。また、手のこんだ手工芸品などは、今日、近代社会が合理化の波に追われて忘れさろうとしている温かみと素朴さをもった、人間味のある品物といえると思います。仕事のあいまには、子どもたちとキャンプに行ったりしたものです。

〔消費文化と宗教軽視の日本〕

日本の社会環境はインドの状況と比べてすべてが便利にできていて、スーパーマーケットに行けば食料品などもきれいにパックされていて、なんでもほしいものが楽々と手に入ります。しかし、値段の高いことと買物でついてくるゴミは、インドで生活し、しかもムダ無しを基本としていたお寺の生活とは対照的でした。

インドでは現在も野菜は多くが路上のバザールで売られています。その日に取れた新鮮なものが、バラで積まれていて、これを好きなだけ天秤バカリで計量して求めるのです。あまり取っておく買い方はせず、その日に必要なぶんだけを求めます。肉・魚も売り切り閉店の方式で販売されていて、ムダのないシンプルな流通構造で動いています。先進国の便利合理思想は、かぎりある地球の富を食べ尽くすところまでいくのではないかと案じます。この意味で近代社会はすでに人間本来のもつ自然と共存する自由を失っているように思えます。

私が思うには、人間は少々不便なことと同居したほうが、物のありがたみや人間そのものの存在感を認識できるのではないでしょうか。よく整理されて隙のない社会環境になった日本での生活が続くなか、潜在的にもちつづけていた素朴に過ごせる生活環境に住みたいという思いが、生活の反動でしだいに強くなってきていました。子どもたちにこのまま日本の消費文化偏重の生活があたりまえだとの精神構造になってもらいたくない思いもありました。

また、日本は宗教と生活はほとんど切り離された社会になりました。神仏に手をあわせる習慣は、儀式をのぞいて日常の生活にはほとんどなくなったといえるでしょう。正しい信仰から学ぶ人間の智慧は学問から学ぶ頭のよさとは次元を異にしたものがあります。インド国民の宗教心は深く生活のなかに根づいて、神の恩恵で生命があるという生きることの意味を基本的に理解できていると思います。

わが家では一番よい場所に御宝前を置いています。毎朝毎晩、子どもも手を合わせてお題目を唱えます。ご先祖様を拝むという大事さももちろんですが、お師匠様の教化されてきた法華経の信仰を御宝前に現して本師の釈迦牟尼仏を拝むことが日常の生活にあります。そしていま一番私が家族、とくに子どもにしてあげたいことは、インドの仏蹟を訪れることです。近い将来そのご縁をいただきたく念願いたしております。子どもたちには御宝前の仏像の教義的なことはまだわかる段階ではありませんが、形から入る信仰のあり方を自然に体に刻んでゆくと思います。人生生活のなかに無条件で尊く思える存在をもてるということがすなわち信仰であり、個々の人格が形成される基本であると思います。またこの延長線に世界平和の理念があるのではないかと考えますが、それだけになにが正しい信仰であるかを見極めることが重要だと思います。

十四年間の日本の生活では、精神と物質の両面の比較調整の勉強ができました。経済的には収支トントンの状況で、やはりいつになってもこの面ではギリギリの果報しかないようです。

一九九八年四月一日、家族とともに日本を離れネパールへと移動することになりました。

「ヒマラヤのふもと、ネパールへ」

日本のすべてを整理し、母親にもとりあえずの別れを言って、ネパールへ移りました。母親には、日本に住むようになった息子がふたたび今度は孫も連れ、外国に行ってしまうという悲痛な思いをさせてしまいました。海外などに出たことのない八十歳を越える母親にとって、ネパールがたとえよいところだと言われても、遠い異国の地でしかありません。田舎の自宅まえから私を見送る母親の姿は、なんとも胸を詰まらせるものがありました。

ネパールへ移り住むことになったのは、私がインドの王舎城で出家生活をしていたころ、この王舎城の仏教復興のために長年にわたって出入りして協力していたかたが、ネパールの友人と合弁のホテルを建てる話になり、その立ち上がりのころからの書類の準備や通信連絡等のお手伝いを、自分の仕事のかたわらしてきたことがきっかけでした。ネパールがわの合弁出資者が私とその日本の出資者の共通の友人であったことも好都合でした。

ホテルの工事がほぼ終わりに近づき、いよいよ開業の段階を迎えて、どう経営していくかという場面になり、私のインド方面に住みたい希望と出資者である知人のホテル営業を軌道に乗せたい思惑が一致したことで、ネパールでの生活が現実のものとなりました。まだ小学校低学年であった子どもたちの協力があったことと、その子どもたちの手をうまく引いて環境づくりをしてくれた妻の理解と協力が、この家族移動を可能にしてくれました。

私がこの決定に至った経緯には、老後はどのような環境で過ごすかという一つの人生模索がもう一つの理由として背景にありました。

日本での会社経営は自分の家族をようやく支える程度のとんとんビジネスで、このままいつまで続けられるか、また五十にもなれば健康的な面も自信過剰は禁物で、いつどうなるかもわからない。とくに私のような蓄えのない者には、病気になれば会社を続けるどころか経済的にも先がなく、やっていけない。また日本社会はみなさんそれぞれにやることをいっぱいもって、たいへん忙しく暮らしていて、年老いて核家族環境で面倒を見てもらうことはきびしく、また、さびしく思える。高価な老人ホーム等の施設は自分には選択の余地はありません。近代国家の環境はなにか機械的で義務的な様相があるように思えました。

このような考えから逆に、自然で素朴でわずかのお金で生活でき、もしも必要があれば近所からお手伝いの人間も容易にお願いできて助けてもらえる人間味のある社会環境のなかで生活することが、安心感をもっていまからを生きる大事な要素だと思い、これがネパールへ住むことへのもう一つの要因となりました。

産業の少ない農耕国であるネパールには、まだまだ人も時間も細かく縛られずに存在する〝ゆとり〟があります。日本もかつてそうであったのでしょうが、近代化することはこの〝ゆとり〟を引き換えにするということだと思います。

子どもたちは英語をふくめ言葉の面でも文化の面でも吸収が早く、いずれ自分たちの意見や考えが出てくると思います。どこに行って学んでも生活しても、それは子どもの希望のもてる方向で手助けをしたく思っています。

妻とはつねに対話を必要としますが、当面は現在の私の仕事をサポートしてもらうつもりです。老後にたいする妻の考えは私とは一線を画しますので、詰めるにはまだ時期尚早ということで、後回しというところです。それでも妻は、私がネパールに家族で移り住む提案に早々と理解を示してくれました。つねづね会話のなかにインド圏の話が多かったこともあり、あまりとっぴには感じなかったと思いますが、最終的には私の判断を信じてくれたと思います。いまはネパールの異文化のなかで生活していますが、子どもの柔軟性と順応力は大人の想像以上のものがあり、ある面では安心しています。日本の古き素朴な村落の文化と大いに重なる部分がネパールにはあります。ただ日本語教育は父親の責任として教えていきたく思っています。さいわい子どもは四名いますので、協調しあって助けあうこともできる環境だと思います。毎日楽しそうに現地の学校に通っています。

「長い人生を楽しかった一日のように回顧する」

ホテルはカトマンズーにつぐネパール第二の都市で、ヒマラヤの八千メートル級のアンナプルナ連峰が眼前に雄大に開けて見える海抜九百メートルにあるリゾート地、ポカラに建ちました。ポカラはこの世界最高峰の雪山を目のまえに控えながら、雪も降ることなく、逆に常夏の果物のバナナやパパイヤがよく育つというおもしろいところで、夏場の平均最高／最低気温は三〇／一九度、冬場は二〇／八度という恵まれた環境にあります。

ホテル経営は西暦二〇〇〇年を迎えて今年で三年目に入りました。私はホテルの経営ははじ

アンナプルナ連峰のふもとに建つホテル

サファリパークで子どもたちと象に乗る

土産をもって山の友人を訪ねる

●

めてでしたが、今日まで自分自身がホテルの客になったことは数多くあり、ホテルがどのようなものかの知識はある程度もちあわせていました。一概にいってホテル業はいかにお客さんに快く滞在していただけるかの一点に絞られると認識します。お客さまはすなわちお金をもってきてくださる神様ということになります。そしてこの点では私がお寺にいたころに学んだ、〝お参り客はすべて仏様〟の考え方とじつに共通したところがあり、宿泊客へのサービスは理解しやすいものでした。

しかし、どのようにお客を確保して送り込むかのセールス部門がホテル業には大きな問題であり、私の取り組んだ最初の仕事もここにあります。無名のホテルのうえ、それなりの宣伝を開業時期をねらってしていなかったことで、きびしいスタートとなりました。

首都カトマンズーは多くの旅行手配会社がある観光業務の中心地で、ここに売り込みをかけるために予約受け付け事務所を開設し、ホテルに雇用していた一番この業界に経験が豊富で仕事のわかる人間を主任として置きました。リゾート地のホテルは個人客や町場の通り客相手のビジネスとは性格を異にし、代理店経由の取引が本流となるからです。

いま二年間を振り返って、この戦略は成功したというより不可欠の存在となりました。セールスは日課であり、つねに新しい顧客を開拓することが求められます。ホテルでは日本の関わる合弁企業の特徴をお客さんに感じていただくため、ネパール人の素朴で優しい接客に加え、日本流の気遣いサービスができるようにスタッフのみなさんと協調関係をつくりながらサービスの質を高め、自分たちの仕事にプライドをもてる意識の向上ができればと願っています。私にとって仕事はつねに自分への挑戦であり、その結果として新しい発見と理解がついてくると思います。

考えれば人生そのものが発見の連続であり、死することじたいもそうではないでしょうか。ある聖人のことばに、まづ臨終のことを習ひ後に他事を習ふべし、とあります。死は生命あるものの宿命である以上、これにどう対処するかはわれわれの大きな課題であり不安要因だと思います。

インド大陸の長年の歴史に根づいた東洋思想には、人生の真理を有でもなく無でもないと考える精神文化があり、古きインドの社会では晩年は、送ってきた世俗生活にいちおうの区切りをつけ、家庭を離れて宗教信仰本位の生活を通してこの精神状態をいかに高めて最期に臨むかという考え方があるようです。

私の場合は、この区切りをつけて生活姿勢を変える思想とはチョッと考えを異にしますが、出家としてではなく、一般在家のかたちで過ごす以上、仕事も趣味ももってそのなかで自分の趣旨とする生活にどこまで満足感を追求できるか、そして精神的にはなるべく束縛をはなれ解放された状態で過ごせる生活環境を選択できるか、それにやはり最後はしょせん人間には自分に所属する永遠の所有物はないが、つね日ごろの心の安心感を、子どものころ、自然な野山で遊んだ思い出のように保てたら本望だと考えます。一生を共にして愛した肉体は朽ち尽きますが、仏という永遠不滅の魂が心のうちにあることを信じられたときが、この世に生をうけた理由を知ることであり、そのとき、人は諸々の苦悩から救われるのだと深く信じます。

ネパールの山間部に住む人びとの、自然のなかで神仏を信じて質素に暮らす生活文化に肌で触れるたびに、今日、近代化した社会に住むわれわれが忘れ去ろうとしている素朴な安心感を覚えます。

家族はいつまでこの地に留まるかはわかりませんが、たとえ暫くのことであったとしても、ヒマラヤの雄大な姿を拝しながら多くを学ぶ機会に恵まれたことを感謝しています。娑婆世界での長い人生の旅を、楽しかった一日の出来事のように回顧することができればさいわいだと思う心境にあります。

病苦を生きる人との同行二人

〝仏教ホスピスの会〟と有髪の尼僧

三橋尚伸

存在の不安の解消を求めて

二十五歳で結婚し、一年後に妊娠したときから、私のなかに不思議な感覚が子どもとともに育っていった。「自分のなかに自分以外の生き物が息づいている……」。その感覚はしだいに大きな意志を感じさせるようになっていった。

私自身は、自分の両親の情報をほんの少ししか知らないという、生まれの問題を抱えていた。わかっているのは母親の名前だけで、その生死も知らない。そのせいか、この妊娠をきっかけ

●

に思想や哲学や宗教への関心がそれまで以上に強くなっていった。

そんなある日、近くの不動尊に散歩に行くと、暗い堂の奥で火が上がったのが見えた。私はすぐに堂に上がり、ヤマブキ色の薄い衣をまとった僧侶が、一人、本尊の不動明王に向かって火を焚きあげている後ろに座った。カンカンと金属器を叩きながら細長い棒を振っている。ときに炎が燃え上がってははじける音がする。細く長い指が優雅に空間を行き来する。これが真言宗の護摩供養であることは仏教書を読みあさっていたのでわかったが、実際にその炎を見たこのとき、私はなにかに圧倒されてしまったのだと思う。もしかしたら私の求めていたものが、ここにあるのかもしれないと感じた。

同時に、乱読していた仏教書のなかで、ひときわ気にかかるものがあった。諸々の本とは視点がまったく違うように思えてなにかがすごいのだと感じてはいたが、私にはその内容がじつはよくわからなかった。著者のプロフィールを頼りに、東方学院という民間の仏教学校を捜しあて、多くの講座のなかからその著者・津田真一氏の密教思想史や後期密教の講座を選び取り、出席した。じかに聞いたその内容は相変わらず難解でとても理解するところまでは至らなかったが、何年かけても聞き続けたいと思わせる魅力があった。

欲はどんどんエスカレートし、もっと多くの仏教の勉強がしたいと思えば、その講座に出席していた仲間が自分の通う大学の教授と引き会わせてくれ、こっそりと聴講させてくれた。私はいくつかの仏教系の大学や大学院で、真言宗の教義や経典、インド・チベット密教の図像学や儀軌を学んでいった。サンスクリットさえ、大学院生の友人が教えてくれた。喫茶店がその勉強の場所となった。結婚生活は苦しい経済状況が続いていたので、歯科助手などいくつかのアルバイトのかけもちで生計を立てていた私には、授業料を支払わずに勉強できるというありがたい日々が続いた。

また実際に行をしたいと思えば、先述の不動尊の僧侶がその一部を教えてくれた。その寺院では、数息観《すそくかん》や月輪観《がちりんかん》などの真言系の行を教えていたのである。私は毎日、アルバイトに疲れながらも行を自分に課した。

行のまねごとが進むと、しだいに不思議な現象が身の回りで頻繁に起こるようになり、それを自分の能力が超人的に高まったことと思うようになった。見えないものの存在が感じられたり、気になる人のことが透視的に見えたりするようになったのである。何かを行ずれば行ずるほど、自分の力と素質を過信し、天狗になってゆく自分があった。当時の私には、それがわからなかった。

「人間を超えるものへの知覚」

そんななか、大学で知りあった僧侶から、ガンで苦しんでいる人びとにさまざまな宗派の僧侶がボランティアで関わっている「仏教ホスピスの会」を手伝わないか、と誘われることがあった。そのころ、なぜか私の周りにうつや幻聴・幻覚など、精神の不調で悩んでいる人たちが集まり始めていた。体の調子が悪くて辛い、死にたい、そんな悩みを延々と語る長電話に、私たち家族の食事は何度も後回しになっていた。だから、病気の人との関わりには距離をもっていたいと考えていたので、会への関わりは多忙を理由にそれとなく断っていた。

たまたま例会日に体が空いて、なんとなく様子を見に、私はぶらりと会場へ向かった。そこではガンの患者や家族の話をじかに聞き、参加者と一緒に悩みを共有しようとしていた。距離をとろうとする気持ちと、ここに関わることになりそうだという予感がせめぎあって、石を乗せられたように重苦しい思いでこの日は帰宅した。しかし、なにかが私を捕らえてしまったのだろう。患者や家族の存在とこの会の存在が、心のなかに腰を下ろしてしまった。それからは、適当な距離を保つために、会員とはならずに、たまたま出席しただけという立場を自分のなかで保ちながら出席するようになった。

ボランティアに邁進している人の姿を、私はどうしても好きになれない。嫌いなのである。「私は一生懸命にやってます」という臭さと、やるのが善でやらないのは悪というような無意識下の前提が気になって仕方がなかった。強者が強者という立場のまま弱者に関わっている姿も好きにはなれなかった。自分がそのような関わり方にならないように、つねに一歩退いた立場に自分を置いておく必要をどこかで感じていたのだと思う。私はかたくなに中途半端な立場を維持しつづけた。

そんなある日、とうとう私は一人の悩む人の自殺を許してしまった(一命はとりとめたが)。冷えきった冬の夜、アルバイトで疲れて帰宅し、家族に食事を作って寝かしつけたところに、いつものように電話が入った。電話口の向こうからカラカラとグラスのなかで氷がぶつかる音が聞こえてくる。

「朝から包丁で首を切っているんだけど、痛くて死ねないのよ。だからさっきからお酒と一緒に薬を飲む方法に変えてみてるんだ。薬はいままでほとんど飲んでなかったから、いっぱいあるのよ」

彼女は自殺願望が強く、これまでにも再三、自殺を企てていた。また自殺したいと思っているいろ試してるんだとわかったが、実際に状況を見ることができず、私は耳にすべての神経を集中させながらいつものように話を引き伸ばした。言っている状況は本当なのだろうか。私を試しているだけなのだろうか。医者からもらった抗うつ薬や催眠剤を溜め込んでいれば、相当な量があるのは確かだった。私の心のなかを、真実を見わけなければという思いと、とにかく自殺をさせまいという二つの思いが占めていた。

生きているのが苦しい、なんとかして死にたい、という電話の声は夜中まで続いた。疲れと寒さで体が冷えきってしまった私は、相手の訴えにしだいに同調しはじめ、そんなに苦しいのなら自分が黙っていれば彼女は苦しみから解放されるのだろうという思いに至っていった。そして薬をさらに飲みつづけて死ぬことを「よし」として電話を切った。

●

「私が黙っていれば、明日の朝にはもう楽になっているんだよね？」

死へ向かうエネルギーの圧倒的な強さに負けたのか、自分のなかにも存在する死へのエネルギーが呼応してしまったのか、私がなにかに負けた瞬間だったように思う。

冷えと疲れで体が少し震えていたかもしれない。時間はすでに翌日の午前一時をかなり過ぎていたと思う。何時間か後には、仕事に行かなくてはならない。これではほとんど眠る時間はないなぁと朧げながら考えていた。私はすぐに風呂場に行き、湯船につかった。頭のなかを、いま話していた言葉がつぎつぎと巡っていった。体が温まって震えが止まってくると、突然私は自分のしでかしたことに恐怖を感じた。

「大変なことをしてしまった。私は人を殺してしまったかもしれない」

あとは夢中で風呂を飛び出し、救急車を要請した。

何日か後に病院での彼女の様子を聞くことができた。救急車の到着で死ぬまえに発見され、厳しい胃洗浄の成果で死ねなかった彼女は、ふたたび生きるという苦しみを背負ったのだろう。私が約束を裏切って未遂に終わらせたことを、恨んでいたと思う。

当時、仏教を少し勉強しただけの素人の私ではあったが、関わった人にはなんとかしてあげたいという思いで、自分のそれまでの知識を総動員して悩みを聞いたり、解決策をいっしょに考えたり、時間を割いたりしていたという自負があった。もしかしたら力になれるのかもしれないという多少のうぬぼれもあって、家族に多大な迷惑をかけてでも、そんなことを続けてきたのだ。

しかし、自分が人殺しをするであろうとは、それまで考えもしなかったが、きっかけさえあれば、じつは簡単に人殺しになってしまうのだということを私は思いしらされた。それは、人助けしようなどという自分の努力がなんの効力も発揮できなかったという敗北の事実であるのに、不思議とうれしい感じが心を満たしていた。自分の意志が通らずに間に合わない状況や、なにか他の大いなる意志によって動いていることを感じたときに幸せを感じたのが不思議だった。天狗の鼻は、ポキンと音をたてて折れた。自分の無力さを知らされたことが、なぜこんなにうれしいのか、何度も反芻し味わってみたのだが、理由はわからなかった。が、それでいいと思った。なにか大きなものの意志のままに動かされ、そのことをとても幸せだと感じられているだけで十分だった。

[無条件の〝赦し〟に出会う]

その日からピタッと仏教の勉強の歩みを止めてしまった私に、友人が一本のビデオを見せてくれた。関西在住の浄土真宗の僧侶の話だったと思う。寺院と病院、僧侶と患者を比喩としておもしろおかしく話しているビデオだったのを覚えている。そのなかで、彼は一つの俳句を例に出した。

●

浜までは海女も蓑着る時雨《しぐれ》かな

風狂の俳人と言われた瓢水の作品である。海女が海に入ろうとしていると急に時雨が降ってきた。海に入るのなら、当然、海女は濡れるのであるが、浜にいる間は体が濡れないように蓑を着て体をいとおしむ。そこには、どうせ濡れる体なのだから濡らしてしまえという投げやりな思いではなく、ぎりぎりまで濡れないように身をいとおしんでいる姿が見えてくる。どうせという思いを排除した姿、そんな光景を俳句にしたものだろう。

初めて聞いたその俳句に、私は友人がいるのにもかかわらず、その場で声をあげて泣いてしまった。号泣と言ってもいいほどの泣き方だったかもしれない。どうせ死ぬこの身なんだから、どう扱ってもいいのではなく、その日までは精一杯いとおしんで死んでゆく。そんな小さな人間の生死の営みを見守っている大いなるものの目を、話の背後に感じたのだ。その目の主は、「無理しなくてもいい、小さなその姿のままで私は赦すよ」と言っているのだと思った。「赦す」というやさしく暖かい教えを説く仏教に出会ったという思いが、心の奥深くに突き刺さったのである。

行を課し、機根を問うというそれまでの密教的・修行的な教えは、私にとっては厳しい条件つきの救いだったが、無条件の救いを「赦し」という言葉で与えられたように思った。親鸞の言葉がそのビデオで語られたかどうかは覚えていないが、私がほしかった何かが真宗の教えにあると感じたときだった。

その日から、宗祖・シンランの名前しか知らなかった浄土真宗の教えを勉強できる場所を探しはじめ、浅草と上野の中間に一つの小さな夜学を見つけた。授業料はなんとか自分の稼ぎでまかなえそうだったが、時間帯などの条件を考えると家族に迷惑がかかる。恐るおそる夫と息子に相談した結果、許可をもらえた。それまでの手当たりしだいの勉強を見ていた夫は、「このままでは仏教学者にはなれても、仏教者にはなれないよ。やりたかったら、きちんとやれば」という言葉で後押しをしてくれた。その言葉に私は甘えた。

入学試験は二月。あと二か月しかなく、当時の私は「親鸞」という漢字さえ書けなかったし、入試に必要な漢文もとっくに忘れていた。このときも、東方学院でいっしょに密教の勉強をしていた現役の古文の教師が、多岐にわたって援助してくれた。四十歳を目前にして突然はじめた入試勉強。落とすための試験ではなかったかもしれないが、彼女の手助けは功を奏して、私はその夜学、東京大谷専修学院に入学を果たした。

［ひとりの凡夫として僧侶へ］

後に大谷派から独立した寺院の敷地の片隅に建っていた小さなプレハブの建物で、三十人ばかりの同級生とともに、毎夜毎夜、仕事が終わってからの勉強が始まった。部屋の壁に貼ってある相田みつをの、「人の為と書いたら、偽りという字になった」という言葉は、病気の人びとと悩みながら関わっている私には痛く映った。

この学校での勉強は、大学での勉強とはまったく異なっていた。授業は全文筆記である。教師の言葉を言葉通りに一言も漏らさずに筆記する。授業中の四、五十分間、全神経を教師の言葉に傾け、ひたすら鉛筆を動かしているのである。感嘆詞も省略することなく、ノートに写しとった。これは、相手の言葉をそのまま受け入れてゆく作業であり、言葉を厳密に使い、大切に受け入れる、という訓練になった。

私は観無量寿経（観経。浄土真宗の根本教典の一つ）と学院長の宗正元先生の授業が大好きだった。

観経は父親である王を殺し、母親をも幽閉して罪深い体となったアジャセの物語である。親殺しという犯罪を犯した者が救われるのかどうかは、私にとっても重要な問題に感じられていた。気負いのないゆっくりとした調子で話す宗学院長のいくつかの授業は、東方学院で聞いた密教学者・津田氏の授業同様、何度聞いてもはっきりわかったという手応えがない。「わかった」と思って気分よくしていると、なにかのきっかけで「ああ、なにもわかっていなかったんだ」というときがかならずくる。理解して簡単に頭に収まるようなものとは明らかに違っていた。一生かけても聞きたいと思わせるものだった。私は宗学院長という人が大好きで、しかも脅威であった。

つぎの授業では、筆記した全文をもとに「攻究」が行なわれる。一行ごとに、そこに書かれているとはあなたにとってどうなのかと、問われるのである。攻め究明してゆくこの授業は、宗教を自分の現実問題として学んでゆくことを求め続けられた場だったように思う。まだ自分で触れたくない深部の問題から目をそむけさせず、言葉を飾って逃げることも許されず、つぎつぎに自分の深奥を問い詰められるように感じて、どんなに苛酷な体の修行もこれよりは楽だったかもしれないと思った。逃げ腰になりながら私は通学を続けた。

自分が凡夫であることを本当に知れば、心から頭を下げて仏を頼む「南無する心」が生まれ、精神の怠惰から解放されるのだろう。法然・親鸞と続くただ念仏するだけの易行《いぎょう》が、じつは難中の難と言われるのがわかるような毎日であった。

凡夫というその身そのままで赦され、救われてゆくという教えは、最後まで私に学校をやめさせなかった。そして得度(出家)という重大な通過儀礼を、私は喜んで受けたいと思うようになっていた。真宗に出会うまでもっていたとどまろうとする気持ちは、微塵もなくなっていた。

得度するには、どこかの大谷派寺院の所属になっていることが条件の一つであったが、「仏教ホスピスの会」で知りあった別の宗派の僧侶が友人の大谷派の僧侶を紹介してくれ、結局それまでなんのかかわりもなかった寺院が私を所属させてくれた。法衣も学校の教師が貸してくれた。ぎりぎりの収入で学費と生活費をまかなっていた私には、なによりありがたかった。私は、なにかの意志によって引かれたレールのうえを、その意志の通りに動いてゆけばよいのだと思った。

　いま、私には長い髪がある。しかし、初めて頭を剃りあげたとき、自分の頭蓋骨が真ん丸ではなく、左右二つの山をなしているのを知った。その姿で私は京都の東本願寺にいた。死に装束である白衣をつけ、素焼きのかわらけにそそがれた酒を口にふくむと、俗名の私はいったん死んだ人となった。電気を使わない本堂と小部屋でいくつかの儀礼をへ、釈尊の弟子として歩む者の新たな名前に変わった後、墨染めの衣と小さな黒い袈裟をつけて、三十九歳の私はもう一度この世に釈尚伸として生まれなおした。

　薄暗い小部屋から何時間かぶりに明るい廊下に出たとき、学院の先生がたのにこにこした顔が目に飛び込んできた。庭の真んなかでうれしそうに笑っている宗学院長が、「ああ、君は坊さんになるために生まれてきたんだね」と、私に向かって言った。父なるものに大きく抱かれたような感動と、自分の探していたものを的確に言い表してもらえたような手ごたえを覚え、涙と震えが奥底から沸きあがってきたが、周りの明るい光景に気を向けるようにして、私はそれを押さえた。

「そうだ、僧侶としてなにかやることが課せられている、そのために私はこの世に生まれてきた」

　前世でやり残したなにかを完成するべく、その続きをやるのが今回の生なのかもしれないと私は感じていた。手探りで探してきた自分の生の意味を、まぶしそうな宗先生の笑顔と言葉が教えてくれたと思った。

「〝関わる〟という魔術」

浄土真宗の勉強をつづけるなかで、私の「仏教ホスピスの会」での関わり方も変わってきたと思う。

学院では、授業終了後にも長い時間、話しあっていることが多かった。そんなとき、ある先生が「関わる」ことについて、こんなことを話してくれた。自分では労《いたわ》り、関わっているつもりでも、逆に相手を傷つけている場合もある、と。

「労るという字には、確かにねぎらうという意味があるけれど、苦しむとか誇るとか手柄とするという意味もあるのだから、そうなっていないかどうか、つねに自分に問い直していかないと、とんでもない関わりになってしまうよ」

ボランティアするべきという社会の風潮や、ボランティアが大好きでやってますという人びとを見たときに感じていた違和感・嫌悪感の原因が少しわかったような気がした。なにかに関わっているという裏に見え隠れする誇る心、しかもそれを無意識の奥底に隠してしまうのだから、本人はまったく気づかない。人の為になるなにかをしていますというところに立ち止まっていれば、精神のおごりにさえ気がつかない。いままでの私の関わりは、相手を手助けするた

●

めに努力していたつもりでも、じつは相手を傷つけ、駄目にしていたのかもしれないという、くやしく悲しい思いがわき出て、さらに悩みを増大させた。

しかし社会のあちらこちらでは、人の為になにかをしたいとか、人の役にたちたい、人の為になにかをするべきという言葉が相変わらず飛び交っていた。そんな言葉を聞けば聞くほど、私の心のなかに「人の為と書いたら偽りという字になった」という言葉と、このとき厳しく指摘された先生の言葉が、より重くより暗く沈殿していった。

では、私が「ホスピスの会」の患者や家族の人と関わり続ける理由はなんだろうか。

まずは彼らの存在が気になってしかたがないのである。そして会いたくなるのである。友人に会いたくなるのとなんら変わりがない感じで……。そしていつの間にか、彼らが私を待っていてくれるようにもなっていた。私の存在を喜んで受け入れ、場を与えてくれているのが、心身の病気で苦しむ人びとだったのだろう。私が手助けするために関わっているのではなく、彼らによって立たしめてもらっているのが、私の姿なのではないのか。誰の為でもなく、私自身が居場所を与えられているからこそ続けられたのだろう。嫌だ嫌だ、面倒だ、もう関わりたくないと思って悩んでいたのは事実であるけれど、私は居場所を与えられて喜んでいたのだろうと思う。

［病苦を抱えた人たちからの学び］

「仏教ホスピスの会」では、それまで考えもしなかった患者や家族の思いが語られていた。内臓の機能を手術によって失い、体に袋を装着している患者は、私に袋を触ってみてくれと、手をその部分に導いた。女性にとって重要な部分である乳房を取ったある患者は、筋肉まで取りさり肋骨がじかに触れる部分を、服のうえから触らせてくれた。ここまで苛酷な経験をした人は、こんなにも超越しているのかと思った。

しかし、ことはそんなに単純ではすまなかったのである。みんな同じ感覚だろうと、ある人に向かって私は、「袋を装着しているのですか？」という意味をこめて自分の下腹部を軽くたたいてみせた。すると彼女は激怒したのである。そんなことは絶対にしないでほしい、と。いままで知りあっていた患者はなんでもなさそうにしていたので、人の感情に対する感覚が鈍感になっていたかもしれないと、私は素直に謝った。

それからは、彼女にとっていかに手術後の体の状態が悲しいものであるかを聞くことになった。考えてみれば、独身の女性の下腹部に、大便が排出される袋がつねに装着されていることがいかに不都合で悲しいことか、簡単にわかるはずだったのに、私は一人ひとりの個別性を考えもせずに、パターン化して気楽に対応していたのである。

●

それからはさまざまな場所で、同様に個別性を無視した話しあいをときどき耳にした。それは同じ病気をもつ患者間でも同様であった。患者たちの多くが、自分の対応の仕方を善しとし、相手にも同じような対応を勧めるのである。積極的な考えであらゆる痛みに強い傾向の人が、まったく反対の性格の人に同じ対応を勧めても、かえってその無理に苦しむであろうと思うのだが、それがわからない。人間の個別性ということを考えての言動は、なかなかできないようだ。

またあるときには、会に出席していた僧侶が、病苦に悩んで泣きだした患者に向かって「そんなに弱いことではどうしようもない」と、とうとうと説教を始めた。みんなしばらく静かに聞いていたが、しまいには「私はあんたのそんな説教を聞きにきたんじゃない。なにもわかっていないじゃないか」と、怒りの声をあげた。僧侶の、身になっていないであろう説教に対しては、それからもときどき怒りの声があがっていたのを覚えている。目のまえに「死」を明確に突きつけられている患者やその家族をまえにして、自分の説教にまるで酔っているかのように目をつむりながらとうとうと話しつづける僧侶の姿は、その後も私の心に反面教師として深く刻み込まれている。

またある患者は、入院先の病院から自分がガンであることを電話で知らせてきた。そして男は弱音を吐いたり泣いてはいけないのだと、自分に言いきかせるように電話の向こうで強がった。このとき、人にはそれぞれどうあるべきかというかたくなな前提があり、等身大の現実の自分とはかならずしも一致していないことで、苦しみが倍加しているのを感じた。

　私は彼から、自分がガンであることを教えられていたので、抗ガン剤の投与が始まったとき、私は当然のようにそれを「抗ガン剤」と呼んだ。しかし彼は、「抗ガン剤と呼ばないでほしい。この薬は抗腫瘍剤って呼んでくれ」と言ったのである。自分の病名も病態もよく知っていて、冷静に受け止めていると思っていた人が、ある時期にはガンという言葉さえ受け入れられなくなっている。彼は、同じ一人の人でも、その感情や受け入れられるものは刻々と変化してゆくのだということを私に教えてくれたのだった。

　私のなかに知識として入っていたさまざまな仏教用語が、このころから実感として身に染みてくるようになってきたと思う。彼らとの関わりは、まさに「同行二人」として同じ方向に歩んで行く道程であり、彼らの刻々と変化する気持ちを受け入れながら話しあうのは「対機説法」であり、常にとどまっているものはないという人間の在り方は、まさに「無常」であるのだと思った。また自分の立場や枠組みに執着せず、相手の枠組みに入ってその思いを受け入れる「同事」の難しさも痛感していた。彼らとの関わりは、まさに仏教の教えの実践だったのだろう。

　毎日の夜学で教えこまれる、自分の身に問うてゆく勉強と、患者や家族から教えてもらう現実と、関わる人びとから知らされることとによって、しだいに私の関わり方が一つの方向に向かってゆくようになった。そして、かたくなな距離の取り方は必要なくなり、自然で自由な距離を行き来できるようになっていった。

同時にこのころ、自分自身の生活にも変化が訪れていた。

「金銭に追われつづける暮らし」

一年間の夜学を卒業したころから数年間の私の生活は、大海のなかをもまれるような、寄る辺のない状態がつづくことになった。

当時、何度かの事業の失敗による夫の借金は、手がつけられないほど多額になっていた。現実のすさまじい状況とは裏腹に、当時流行していたインベーダー・ゲームに没頭している夫の姿は暗く、すべての嫌なことがらからひたすら逃げているように私には見えた。家族の協力で夜学を卒業できたことは素直に感謝していたし、自由にさせてもらっていたのもありがたかったが、借金の尻拭いはもうしたくなかった。アルバイトで子どもを育てながら生活してゆけるのだろうかという不安はあったが、離婚することを選んだ。子どもには大きな痛手を与えたと思う。

不安定ながらも自由があったアルバイトの生活を捨てて、私は食べるために小さな印刷会社で編集・版下作りをする正社員として働くようになった。つねに残業して製品を納品日に間にあわせ、その残業代で収入を上げてゆく毎日が続いた。

収入が安定してくると、それまでの病気の人びととの関わりのなかで必要を感じていたカウンセリングの勉強をするために、休日は学校に通うようになった。かつて学院で学んだ仏教とカウンセリングが、私のなかで溶けあってゆくような毎日であった。

ちょうどそのころ、父が食道ガンに罹っているのがわかった。父の病気は、日ごろホスピスの会で学んでいたことや自分の考えが机上の空論であったのかどうかを実際に問う、大きな機会となった。父をふくむ家族全員で病気を受け止めてゆこうと決め、治療は父本人の望むところをつねに最優先させて決めるようにした。臨終間近には、最期の挨拶も交わすことができ、十分な看取りができたという満足感さえ私たちに与えてくれながら、父は病気発見の四か月後に亡くなった。

私は四十代半ばに印刷会社からある仏教系の財団へ転職し、その職場で出版・編集の仕事をすることになった。相変わらず締め切り日との追いかけっこの毎日が続いたが、カウンセリングの学校にはなんとか通い続け、労働省の認定試験にも通って、初級産業カウンセラーの資格を取得した。

しかし仕事の忙しさと人間関係に起因するストレスによって、私の頭からは勉強を続けたいという意欲も問い続ける気力もしだいに薄らいでいった。この数年、私の生きている大切な時間は、すべて金銭に変えるために費やされるようになっていたのだった。時間を金に変える――こんなはずではなかったのだが、安定した収入を捨てるほど、このときの私には金銭的な余裕も勇気もなかった。

しかもそのころ私は、かつて師と仰いだ学院の宗正元先生にある批判の手紙を一方的に送りつけ、みずから関係を断ち切っていた。心の寄る辺のない状態だった。

そんなとき、たまたま財団が引っ越しをして、大量の蔵書を始末する機会があった。

「ねえ、面白いことが書いてあるけど、読んであげようか」

あれこれと本を仕分けしていると、同僚の一人が声をかけた。〝名僧・悪僧・愚僧〟と称して、さまざまな僧侶を俎上に乗せた批評本のなかの一人の部分を読みはじめた。

真宗系の僧侶の言葉らしい内容で、なにもできないという責任の自覚の問題や、現実に対して傲慢な精神の問題などが語られ、その一つひとつが深くうなずけるものだった。「なんてすごい人がいるんだろう」。私はどんどん引きこまれていった。「だれの言葉だと思う?」と彼。「きっと大谷派の人で、とにかくすごい人。こんな考えの人がいるんだね、誰だろう」。「宗正元だよ」……。

「旧師のもとへの回帰」

その名前を聞いたとたん、会社のなかであることも忘れ、私は号泣してしまった。本の整理をしながら聞いていた周りの人たちは、なにごとが起こったのかと驚いた。だれも私の涙の意味を知らない。私は身の置きどころさえないほど泣いた。

先述したように、私は学院を卒業後、宗先生や学院の停滞に一方的な不満や憤りを感じ、独断的な批判の手紙を一度、送りつけていた。私はもう二度と宗先生のまえには出られないものと覚悟し、何年も会っていなかった。しゃくり上げながら事情を説明する私に、「また会いに行けばいいじゃない」と彼が言った。その夜、私は昔の同窓生に連絡をし、先生が聞法会を開いている場所を教えてもらった。

久しぶりに下車した駅からの足取りは重かったが、じきに会場である寺に着いてしまった。人の出入りの多いドアを開けると、向かい側のソファに学院長が座っている。その手前で受付をしている教師は、学院時代にあだ名をつけた覚えがある。私の顔を見ると、すぐに明るい表情になって、「やぁ、久しぶり」と迎え入れてくれた。うれしかった。学院長にもにこやかな表情が浮かび、「やぁ、よく来たね。どうしていた？」と迎え入れてくれた。最初に謝ろうといろいろな言葉を用意していたはずが、学院長の顔を見たとたん、涙をこらえるのに必死になって、一言も出せない状態になってしまった。心では「ごめんなさい、恥ずかしいことをしました。許してください」と叫んでいたのに。

「もう一度、最初から先生の話を聞きなおしたい。また一から聞かせてください」。手を着きながら頭を下げ、しばらくたってから出た言葉は、それだけがやっとだった。学院長はニコニコしながらウンウンとうなずいてくれていた。どれだけ頭を下げても下げ足りなかった。二、三の教師たちは、私を無視するように目も合わせなかったが、針のムシロは覚悟のうえだった

●

ので、私はただただ学院長の話を聞くことのみに集中した。

そんな聞法がしばらく続いていたころ、財団が変質をきたし、長年勤務していた職員たちが相次いで退職していくことがあった。私も精神的に追い詰められ、十二指腸潰瘍を何度も再発させた。内科医からは、これ以上ストレスが加われば責任はもてないと言われ、在宅勤務でなんとか頑張る毎日が続いたが、卵巣までもが腫瘍を作って腫れだしていたのを知ったとき、私はなにかの時期が来たと思った。私は財団と闘うことを選ばずに、退職した。

身も心もボロボロになって、疲れた姿で宗先生の聞法会に顔を出した。なにかがあると、私は宗先生の懐に戻りたくなる。阿弥陀仏が人間の姿に具現しているかのような勝手な思いがあるからなのだろうか。親鸞の教えを聞きに行くというより、宗先生の顔を見ていれば気がすんだというのが真実である。

私の顔を見たとたん、学院長の顔に、またあの穏やかな表情が現れた。私は、学院長がすべてを察知したのを感じて、泣きだしそうになるのを必死に押さえた。どんなに冷静に話そうと努力しても、私の声は震えが止まらなかった。泣くまいとこらえている私を、低くゆっくりとした声が包みこんだ。

「ころんじゃったんだね。ころんだついでに、しばらくはそのまま周りをゆっくりと見ていたらいいよ」

学院長のまえでは、私が子どものままでいることを許されていたのかもしれない。阿弥陀仏のまえでも、きっと人間は小さな子どものままでいていいのだろう。私はこのとき、はっきりと救われるのを感じた。

［肩書のない静かな日々のなかで］

私はそのとき五十歳だった。新しい仕事を見つけるのは無理だろう。体力的にも警備員や立ち仕事はできない。度重なる潰瘍で変形してしまった十二指腸の通過障害が少しでも軽くなるように、家で静養しながら心身の回復を図るのを第一にしようと私は決めた。収入は途絶え、大きな不安はあったが、これを必然であったと思って、時間を金に代えてきたこれまでの生活を終わりにした。さいわい住む家はあったので、いくらかの貯金を頼れば何年間かは静養生活ができそうだった。

退職した翌日、十六歳七か月の老犬（メス）が死んだ。目は白内障で見えず、耳もよく聞こえず、鼻も利かず、足腰もよろけてうまく歩けない。そのうえ夜中になると徘徊し、哀しげに鳴き続ける。尿も出なくなり、たまに発作を起こして大量の尿を放出し、そのなかで悲鳴をあげながらのたうち回っていた。何回目かのそんな発作の最中に、びっくりしたもう一頭の飼い犬が咬んでしまったのだろうと思う。彼女は、私がほんの少し買い物に出ている間に大量の尿にまみれ、耳の根元から血を流して亡くなっていた。仕事がなくなり、私が自由な時間を持てるようになるのを待っていたかのような死に時であった。彼女もまた、私が仕事を続けている間は必死で頑張っていたのかもしれないと、その死に時になにか象徴的なものを感じた。私は自分が満足するように、ダンボールで柩を作って弔い、焼き場に連れてゆき、骨にして家に連れて帰った。気がすむまで家に置いておこう。思いにひたる時間はたっぷりある。

それからの日々で、仕事場でのストレスの余波がすぐに引いたわけではない。しかし、ゆっくりと過ぎていくいままでにない時間の感覚は、傷ついた心と体を着実に快方に向かわせてくれた。安定した収入を失うことと引き換えに手に入れた静養生活という命の時間が、私を守った。

私は、少しばかりの収入を得ようと、いままでの経験とカウンセリングの技術を生かして、電話による有料の相談やカウンセリングを始めた。自己を受容できずに否定し苦しむ人、給料未払い問題で困っている人、ガンの告知を迷いながら苦しい看病の毎日を続けている人など、ときどきかかってくる相談の電話に応える以外、私は仏教とカウンセリングを融合させながらの実践で得たことなどを講演し、執筆して収入の一部を支え、あとはわずかな貯金で不足を補うという生活を続けている。

相変わらず出席しつづけている「仏教ホスピスの会」では、何人もの人が亡くなっていったり、新しい人が入ってきたりしていた。静養の理由と方向転換した私の生活を知っている親しい患者や友人たちが、食事をごちそうしてくれたり、買物に行かなくてもすむように缶詰を送ってくれたり、なにくれとなく気にかけてくれるのだが、私にはそれが窮屈で、しばらくは素直にそれらの好意を受け入れられないでいた。

私は相手の気持ちがわかっていなかったのだろうと思う。彼らの好意が、本来の布施であるのかもしれないと思うようになったのは、ずっと後だった。しかし、命の時間が残り少ないことを知っている人びとや、自分の生活さえ厳しい人びとからの、物と心にわたる好意は、私をしだいに素直に変えていった。人の施しを受けることにこだわりが薄らいできて、好意の一つひとつをありがたくいただくようになっていった。

私は、宗学院長が夜学の授業で言っていた言葉を思い出した。

「いつも臨終に立っていなさい」

知識としてわかっているつもりの人の死が、何度も私の目のまえで問いかけてきた。大切な人が亡くなるたびに、「しまった！　あのときが最後の出会いだったんだ。ああ、遅かった」と私は思う。臨終に立っていないから、いつも後悔するような行為を続けてしまう。相手も私も、これが最後になるのかもしれない。臨終という立場に身を置けば、なんでもがありがたく、真剣になるであろうに。

私一人の稼ぎで自分自身の身をたててゆく生活から、さまざまな人からの物心両面の布施を受け入れる生活へと、少しずつ移行しているように感じられた。

半年ほどしたころから、私はいままで行かずに終わっていたいくつかの公園に、毎日犬とともに散歩に行くようになり、地域の犬好きの人たちとたくさん知りあうようになった。私は人間関係もしだいに変化してきたことを感じた。

ある公園は、「ホモ」の人びとが集まることで以前から知られていたらしい。そんなことも会社勤めをしていたときには知らないでいたが、毎日同じベンチの定位地に座って本を読んだり犬の飼い主と話しているホームレスの人の胸は、男であっても膨らんでいた。彼と仲良くなるにつれ、ほかの何人かのホームレスの人たちとも話すようになっていった。

私は不思議だった。ダンボールで囲っただけの簡易ハウスの住人といっしょにいる時間が、なぜこんなに穏やかなのか。あるときには、厳しく冷たい強風にさらされてお互いに鼻水を垂らしながら、何時間もベンチで彼の生い立ちや生き方を話しこんだ。

ある日、彼は初めて私に「お金、持ってたらちょうだい」と言った。そのときの私の所持金はたったの五百円。しかも使い道が決まっており、そのためにわざわざポケットに入れてきたお金だった。あげるわけにはいかなかった。彼が金の無心をするのがちょっと残念でもあり、私は散歩にはお金を持ってこないからあげられないと、嘘をついた。自分自身が嫌な人間に思えた瞬間であった。すると彼は、自分の財布のなかを捜しはじめ、一円玉と五円玉と十円玉という小銭だけしかないなかに見つけたたった一枚の五百円玉を、隣にいた目新しいホームレスの男性に渡したのである。

「そんなにあげちゃって大丈夫なの？」

「だって、困っててかわいそうじゃん」

彼は、昨日からホームレスになって寝るところもなく困り果てているホームレスの新人に、少しでもお金を用立ててあげたかったのである。自分が困るのを承知で差しだした五百円という布施の重さと意味を、私は彼から教えてもらったと思う。私はなにやら恥ずかしい思いでポケットのなかの五百円玉を意識しながら、そそくさと公園を立ち去った。

公園では、誰もが社会の肩書なしでいられる。ここでの私の名前は俗名でもなく、法名でもなく、アーリー君のママ、しろちゃんのママである。そう、私は犬のお母さんなのだ。少しの収入が途絶え、貯金も尽きたら、彼の隣にダンボール・ハウスを作って暮らすのも、一つの生き方かもしれない。

ある日、「あと半年この状態が続いたら、あの木で首吊りするしかないなあ」と言いながら、彼はダンボール・ハウスに戻っていった。暗くなるまでにきれいに化粧し、スパンコールで飾ったきらびやかな服に着替えて、夜の公園に仕事をしにいくのだろう。彼が社会の法律に違反しているかどうかは、私にとってはどうでもよかった。彼は、彼のでき得る方法で必死に現金を得、一日一日やっと生きているしかないのだろうから。食事をたくさん作ったときには、温かいうちにまた持っていってあげよう。

毎日どこかの公園で死んでゆく人がいるという。それは寒さによる凍死という形をとる自然死であったり、年月をかけて衰えていくという形をとる緩慢なる自殺であったり、彼らに生きて存在している意味を認めない人びとによる他殺であったりと、さまざまな理由で死に至っている。ときには耳にし目に入ることはあったが、しかし自分のすぐ隣で日夜起こっていることではなかった。時間を金銭に変えていた日々を送りつづけていたら、知らなかった世界であった。

手当たりしだいに勉強を続けた日々。それが知識だけではなく、実際に人と関わることにつながっていった日々。勉強が縦糸だとしたら、その縦糸を補強しながら横糸を織り込んでいるのが、いまなのかもしれない。あらゆる病気の人びとや公園の人びとが、私の後半生をさまざまな色模様に織りあげてくれるのだろう。本来の布施をさまざまな形で受けながらの自由な生活、あるいは布施されていることにやっと気づける自分になり始めたのか。これを「林住期」というのだろうか。安定した収入には代えられない豊かな時間が、いまの私にはある。

郵便ハガキ

料金受取人払

本郷局承認

983

差出有効期間
平成14年10月
31日まで

1138790

（受取人）

東京都文京区本郷
五―三二―七

太郎次郎社 行

◉ご購読ありがとうございました。このカードは、小社の今後の刊行計画および新刊等のご案内に役だたせていただきたいと思います。ご記入のうえ、投函ください。

ご住所 〒 お名前	
☎ 男・女 歳	
ご職業	勤務先・在学校名
本書をお買い求めの書店 市町 郡町 書店	よくご利用になる書店 市町 郡町 書店

書名　「林住期」を生きる　愛読者カード

●── この本について、あなたのご感想・意見を。

ご購読の新聞	ご購読の雑誌

この本をお求めの動機	広告を見て（新聞・雑誌名）	書店で見て	書評を見て（新聞・雑誌名）	DMを見て	その他

小社の出版案内をご覧になりまして購入希望の本がありましたら、下記へご記入ください。

購入申し込み書

ご注文の本は**宅配便**でお届けします。送料は冊数にかかわらず、380〜600円です。代金のお支払いは本をお届けにあがった宅配便のドライバーに、本と引き換えに**本代＋送料**をお支払いいただきます。表面にお届け先のご住所、お電話番号を記入のうえ、ご投函ください。このハガキが到着後、2〜3日以内にご注文の本をお届けします。なお、1万円以上のご注文の場合、送料はサービスいたします。

（書名）	（定価）	（部数）

☆このカードをお寄せいただいたかたには最新目録をお送りします。

「林住期」を生きる
学び場ガイド

［身近なお寺を訪ねてみる］

西武新宿線・沼袋駅から十分たらず。お庭には百体の石仏。みんな観音さま。銀杏の大木が茂り、この百五十メートルさきが四車線の新青梅街道とは思えない静けさだ。

百観音の寺として親しまれるここ真言宗明治寺(東京・中野区)では、毎月第一日曜日の午前、写経の会が開かれている。九時まえから二十人ほどの参加者が集まり、顔見知りとあいさつを交わしたり道具の準備をしたり。部屋は墨の匂いで満たされていく。

住職の草野榮應さんが法衣をつけて現れた。まずはこれから写す般若心経を、みんなで声をそろえて読誦。そのあとお経の一句をとりあげ、ニュースやまわりのことを譬えに引きながら、毎回わかりやすく解説する。ユーモアまじりの草野さんの話に、参加者は熱心に耳を傾けている。

ではどうぞ、の声で写経が始まった。朝の静けさのなかで、経文を写す小筆だけが動いている。このかん約一時間。写し終われば、静かに道具をしまい、隣接する本堂へむかう。本堂の一室ではさきに終わった人がお茶やお菓子を進めてくれたり、毎回、草野さんが書いてくれる納経帳のことばを眺めたり。写したお経はお布施の千円とともに奉書に包んでご本尊に奉納・供養され、みんなでお勤め。会は二時間ほどで終わった。

毎月参加する、近所の天麩羅割烹のおかあさん、藤野君子さんに聞いた。

「神田の生まれで、信心なんてぜんぜん興味がないけど、筆で字を書くのが好きなんです。写経

●

用紙を納めてた近所の文房具屋さんに教えられて、会が始まったときからだから、もう平成と同じ年だけ通ってます」

あわただしいお店の毎日、月一度でもお寺に行って座る時間や、年一回の親睦小旅行に出かけるのが楽しみだという。いまは四国遍路をするのが夢だそうだ。

明治寺では写経の会のほか、法話や座禅の会もあり、だれでも参加できる。以前には近所にいた外国人のリクエストで真言宗の瞑想法である阿字観の会も開かれていた。それだけではない。四月八日の花祭り(灌仏会)には本堂でチェンバロのコンサート、庭中の石仏にお灯明をあげる夏の献灯会では野外でガムラン演奏と、毎年楽しみに訪れる人も多い。しかも収益は、NGOの「幼い難民を救う会」に寄付されている。

写経会やお寺との出会いについて、草野さんはいう。

「本堂の落成をきっかけに始めたんですが、毎回、人数にほとんど変化がない。平らにコツコツつづけるかたの姿に、いちばん私が励まされているんです」

「仏教は、こちらがほんとうに問おうと思わないかぎり口を開いてくれない、一見、不親切な一面をもつ宗教ですけど、その気になった人には、いつでも門を開いているはずです。門前の掲示板などに目をとめて、ぜひ、チャンスがあれば参加してみてください」

＊

お寺は昔から、庶民の学びの場でした。ご近所に写経会・座禅会・法話会などに取り組んでいるお寺があれば、そこから新しい学びが広がるかもしれません。

そうしたお寺の情報はどうすればキャッチできるでしょうか。

まずは自宅の近所や最寄りの寺に、そうした会がないか注意してみたり、友人・知人に教えてもらう方法があります。そして、自分のニーズとあうか住職にいろいろたずねてみます。たとえば法話会というから一般向けかというと、地域の老人会とのタイアップ企画だったりすることもあるからです。原始的でも、縁とはこういうものかもしれません。

活字情報

情報誌にはつぎのものがあります。

仏教情報誌『ムディター』首都圏版
fax　〇四二六―七六―三九八三

首都圏の寺院の法話会その他の行事予定を紹介している二十四ページのパンフレットです。大きな寺院や念珠堂(都営浅草駅前の仏具店)などで配付。首都圏版しかないのが残念です。

月刊雑誌『大法輪』(大法輪閣)も、情報コーナーこそありませんが、広告などで得られるものがあります。残念ながら仏教界を網羅するような情報誌紙はないのが現状です。

電話

電話で問い合わせる場合は、「仏教情報センター」のテレホン相談があります。超宗派のお坊さんで運営する情報センターには、その種の相談・問い合わせも多いそうです。お坊さんどうしの情報ネットワークを駆使して相談にのってくれます。(土日祝祭日のほか、お盆・お彼岸時期には休止中のこともあります。予約によって対面相談もできます。)

●

東京　〇三―三八一一―七四七〇　平日の十時～十二時、一時～四時
大阪　〇六―六二四五―五一一〇　月～土の二時～五時
岡山　〇八六―二二六―三一一〇　平日の三時～五時
仙台　〇二二―二九五―三三〇三

各宗派の本山寺務所で、寺院の情報や一般も参加できる行事・修行の情報(自宗派にかぎる)に対応できるところにはつぎのようなところがあります。

高野山真言宗　大師教会教学部(金剛峰寺内)　〇七三六―五六―二〇一一
　夏期大学や修行体験、阿字観の指導などの案内
真言宗豊山派　テレホン相談(毎週火曜10～12時、1～3時)で対応　〇三―三九四六―一一六六
浄土真宗本願寺派　西本願寺宗務所　〇七五―三七一―五一八一
　参拝部で問い合わせに対応
浄土真宗大谷派　東本願寺宗務所　〇七五―三七一―九一八一
　本願寺の行事の紹介や、該当教区へ紹介
曹洞宗　曹洞宗宗務庁・教化部　〇三―三四五四―五四一五
　座禅のできる寺の紹介

他宗では、その種の問い合わせに対応できる部署はないようです(調査の範囲内で)。

インターネット

ＩＴ時代はホームページを開くお寺も増えています。インターネットができるかたは、ぜひ、アクセスしてみてはいかが。全国のお寺のホームページ名簿はつぎのところにあり、宗派別に整理されています。

寺院ホームページ名簿　http://ww.otera.net/syuuha.htm

また、つぎのようなサイトも一覧されると便利。

阿字観を指導してくれる真言宗寺院　http://www.koyasan.or.jp
曹洞宗座禅会リスト　http://www.jtvan.co.jp/soto/zazen/map.html
全国座禅会リスト　http://www.bekkoame.ne.jp/yo-san/zaz.html

［こころとからだを学ぶ場・集いの場］

寺院の伝統的な修法スタイル以外にも、こころとからだの学びの場があります。案内書・募集要項などのご請求、会場・日時・会費・内容などのお問い合わせは、掲載の電話番号へ。また、新聞の宗教欄などにも案内が掲載されています。

東京地区

東方学院（千代田区）　〇三―三二五一―四〇八一

中村元先生創設の仏教学院。東京の本校以外、関西・名古屋でも毎年、四月開講。通年で本格的な思想研究のほかサンスクリットなどの語学、仏像彫刻・仏画などの講座も。夏季講座もあり。毎年三月末が出願締め切り、面接をへて入学決定。

上座仏教修道会（新宿区）　〇三―五三七一―〇七四三

パーリ語教典の講義、瞑想、カウンセリングセミナー。夏期には集中セミナーも。

チベット仏教普及協会（千代田区）　〇三―三二五一―四〇九〇

チベット式の法要をおこなうほか、チベット仏教入門講座やチベット文化の夕べ、チベット語講座、瞑想など。静岡・京都にも教室があります。

東京国際仏教塾（荒川区）　〇三―五八五〇―五二七五

通信教育とスクーリング、お寺での修行で仏教の基礎を学ぶ。四～十月で修了。その後、宗派別の専門課程に進むことができる。四月始めが出願締切り。

仏教情報センター（文京区）　〇三―三八一三―六五七七

座禅と講義の「仏教ライフ・サークルの集い」や、いのちを見つめる「仏教ホスピスの会（患者や家族のつどい）」を都内の寺院で毎月、開催。

東京自由大学（新宿区ほか）　〇三―五二八七―三五三三

「日本を知る」「宇宙を知る」「身体の探究」など精神世界と身体観の魅力的なコースがあふれる、鎌田東二さんらプロデュースの学びの場。

東京仏教ホスピスの会（中央区）　〇三―五五六五―三四一八
　築地本願寺でがん患者・家族の語らいのつどいを毎月、開催。
南無の会（新宿）　〇三―三七五四―六一九四
　松原泰道師の主宰、新宿の常円寺で月例の法話会。
日本仏教鑽仰会（千代田区ほか）　〇三―三九六七―三二八八
　神田の学士会館でカルチャーセミナー。毎夏に「お盆まつり」（イイノホール）。
東大仏教青年会（文京区）　〇三―三八一三―五九〇三
　「碧巌録」「正法眼蔵」など仏典講読のほか座禅会などを本郷の日本信販ビルで。
ヨーガ道心会（習志野市）　ヨーガ実践　〇四七四―七六―一四五六
量深学場（府中市）　親鸞講座、真宗教学　〇四二―三五八―一〇六三
釈迦牟尼会（江東区）　座禅・法話　〇三―三六六三―〇二〇八
沙羅の会（台東区）　写経教室　〇三―三八四三―八七五一
在家仏教協会　法話　〇三―三二一四―五〇二四

関西地区

應典院寺町倶楽部（大阪市）　〇六―六七七一―七六四一
　應典院を会場に「いのちと出会う会」や寺子屋トーク、演劇祭やコンサート、企画展など、人と出会い、気づき、再生する場をつねに生み出している。チラシやポスターなどNGOの情報センター的側面もあり、出かければきっとなにかと出会える。

法然院森の教室（京都市）　〇七五―七七一―二四二〇
法然上人ゆかりの古刹、三万五千坪の境内を教室に、環境運動にかかわる研究者や活動者も参加して森の教室が開かれる。文化財級の堂内ではコンサートやアート展も。

神戸仏教塾（神戸市）　〇七八―五七五―〇八四一
（社）神戸青年仏教徒会が母体となった、仏教をほんとうに学びたい人のための塾。超宗派の僧侶たちが火・金曜の夜、講義をするほか、寺院での法要実習なども。

佛教大学四条センター（京都市）　〇七五―二三一―八〇〇四
京都の繁華街にある佛教大学のシティーキャンパス。さまざまな講座が学べる。

一心寺日曜学校（大阪市）　〇六―六七七四―二八七七
お骨仏で知られる一心寺に併設される一心寺シアターでは落語・講談などが催されるほか、月一度「日曜学校」が開催。ゲストの話に二百五十席はつねに満杯。

中央仏教学院（京都市）　〇七五―八〇一―三五〇七
浄土真宗本願寺派の学院。通信制で一年間の入門課程が学べる。さらに僧籍取得の課程も。四～六月に募集があり九月開講。ほかに四月開講の全日制の課程もある。

［歩き歩いて、遍路なり］

四国遍路

四国八十八か所の霊場を歩いて順拝する人が増えています。一番札所(徳島県鳴門市の霊山寺)から八十八番札所(香川県長尾町の大窪寺)まで徳島・高知・愛媛・香川と一周約千四百キロ、約四十~五十日の旅です。一気にまわる「通し打ち」や、一県ずつまわる「一国参り」など、スケジュールや体力にあわせて。四国は宿坊のあるお寺や遍路宿が多く、順拝の便がよいことが特徴。

歩く人のためには、愛媛県松山市のボランティア団体「へんろみち保存協力会」が編集した『四国遍路ひとり歩き同行二人』が便利です。遍路の意義や心構え、参拝手順から順拝用品、宿泊、脚のマメの手入れなどまでていねいなガイドと、詳細な遍路道の地図が掲載されています。装束や用品は、一番札所ほか大きな霊場寺院や近辺の仏具店で揃えることができます。また、同協力会は、四国中に道しるべを立てて順拝者への利便をはかっています。

『同行二人』は郵便振替で送金して取り寄せてください。二冊組・送料込みで三八一〇円です。

へんろみち保存協力会　〇八九―九五一―三八二〇

郵便振替　〇一六四〇―五―三四七八〇

遍路体験記などもさかんに刊行されるようになりましたが、愛媛県松山市の伊予鉄道のPR誌『月刊 へんろ』には、体験記や情報が掲載されています。

伊予鉄観光開発　〇八九―九四八―三一九二

＊

秩父三十四か寺、板東三十三か寺、西国三十三か寺の観音霊場めぐりも、古来さかんに行なわれてきました。札所から札所への歩き道は、山岳踏破の修験道的おもむきも感じられます。秩父・板東・西国をあわせて百観音ともいいます。

秩父三十四観音

山国・秩父は信仰の里。三峰山には山伏が駆けめぐり、秩父神社は神仏習合時代、北極星を祀る妙見さまでした。三十四か寺の観音霊場をめぐる巡礼も、徒歩でも三〜四日で回れる手軽さと豊富な鉱泉宿、近郊の便利さもあって、江戸時代から庶民の人気を集めています。

彩の国ふるさと秩父観光情報館（西武秩父駅前）　〇四九四―二五―三一九二
秩父札所連合会　〇四九四―二三―六八一三

板東三十三観音

鎌倉市の杉本寺から千葉・館山の那古寺まで、神奈川・埼玉・東京・栃木・茨城・千葉と、関東一円をまわる霊場。浅草の観音さまは十三番霊場。

板東札所霊場会事務局（浅草寺内）　〇三―三八四二―〇一八一

西国三十三観音

那智勝浦の青岸渡寺から大阪・奈良・京都・滋賀・兵庫をめぐり岐阜県の華厳寺まで、関西一円に広がる霊場。壷坂寺、長谷寺、清水寺、三井寺など名刹も多い。

西国札所会事務局（青岸渡寺内）　〇七三五五―五―〇四〇四

九州西国三十三観音

〝西国うつし〟の代表的な霊場。修験道の山・英彦山のそば、霊泉寺（福岡）から大分・熊本・佐賀・長崎など九州北部一円に広がる霊場。

九州西国霊場会事務局（宝地院内）　〇九五二―七二―二八四〇

これらの霊場のルート・地図については、多くのガイドブックが市販されているほか、各霊場会事務局でもパンフレットを用意していますのでご参照ください。

観音信仰や弘法大師信仰の広がりにともない、各地に大小・新旧の観音めぐりや新四国がつくられてきました。それらは『全国霊場順拝事典』（大法輪閣）に網羅されています。

［大自然のなかで仏と出会う修験道］

山は古来、信仰の対象であり、修行の場でした。恐山・出羽三山・立山・木曽御嶽山・富士山・比叡山・大峰山・石鎚山・求菩提山・英彦山が、その代表的な霊山です。

本文で叶さんが触れた大峰山を中心として、出羽三山（羽黒山）や東京の高尾山など各地で修験道体験を受け入れているところがあり、前年のうちから問い合わせや申込みが寄せられています。

大峰奥駆修行

日程　七月上旬の九日間

費用　全行程＝七六〇〇〇円

前半行＝三五〇〇〇円

後半行＝五一〇〇〇円（女性は後半のみ。女人禁制の山上ヶ岳を迂回）

申込み　往復はがきで参加希望行程、氏名、年齢、動機を明記のうえ左記へ。

〒六三九―三一一五

奈良県吉野郡吉野町吉野山　東南院　〇七四六三―二―三〇〇五

羽黒山秋峰修行

日程　毎年八月二十四日〜九月一日の九日間　定員百名
費用　初入峰者は十万円
申込み　四月に受付。住所・氏名・電話番号明記で八十円切手三枚同封のうえ
〒九九七—〇二一一
山形県東田川郡羽黒町大字手向二三二　荒沢寺　〇二三五—六二—二三八〇

このほかにつぎのような寺院が、高尾山や日光、大峰を道場に体験修行を受け入れています。
これからの予定や申込みなどは各寺院へお問い合わせください。

高尾山信徒峰中修行会　高尾山薬王院(八王子)　〇四二六—六一—一一一五
八月、十一月にそれぞれ二泊三日。一万円。
日光修験・秋の峰入り　〇二八九—六三—二九〇一
九月の二泊三日。鹿沼山王院から日光中禅寺立木観音まで
大峰入峰修行　金峰山寺(吉野)　〇七四六三—二—八三七一
七〜九月に二泊三日、一泊二日(一部バス)の体験修行が行なわれる。二万二千円。
大峰奥駆修行　聖護院(京都市)　〇七五—七七一—一八八〇
九月上旬の六日間(吉野川の水行〜前鬼)。費用は四〜七万円。
大峰山三宝院門跡花供入峰　醍醐寺(京都市)　〇七五—五七一—〇〇〇二
大峰山山伏修行一日入門　洞川温泉旅館組合　〇七四七—六四—〇三三三
五〜九月の各月に一泊二日の体験入門

大峰山護持院による奥駆

喜蔵院(〇七四六三―二―三〇一四)、桜本坊(〇七四六三―二―五〇一一)、竹林院(〇七四六三―二―八〇八一)の各坊へお問い合わせ。

日本山岳修験学会　〇三―五四六六―〇二〇六(水のみ)

毎年秋に全国のおもな霊山で大会を開くなどの活動をしています。会費は一般・五千円。国学院大学の宮家研究室が連絡先。

[中高年からの国際ボランティア]

リタイア後の人生に、これまで身につけた技能や技術をいかして途上国へ赴き、支援を志されるかたが増えています。これらの活動のなかでよく知られているのが、青年海外協力隊のシニア版である、シニア海外ボランティア事業です。これは相手国政府の要請にもとづいて国際協力事業団が派遣するもので、毎年、春秋に募集があり、面接や語学試験をへて相手国へ一～二年、派遣されます。派遣領域は建設・土木、農林水産、保健・医療など八分野。

応募書類の請求などくわしくは左記へお問い合わせくださるか、ホームページをご参照ください。

国際協力事業団シニア海外ボランティア事業　〇三―三四〇六―五二七三

社団法人シャンティ国際ボランティア会(旧称・曹洞宗国際ボランティア会、http://www.jca.apc.org/sva/)は、一九七九年、タイに逃れてきたカンボジア難民への救援をスタートに、二十年にわたりタイ・ラオス・カンボジアでの教育・文化支援にとりくんでいます。現在は、現地での移動図書館活動や学校づくり、職業訓練などを展開しています。日本国内では絵本に訳文シールを貼って送る運動や謄写版制作のための募金、現地手工芸品の販売や各種イベント、スタディーツアーなど、市民ができる国際協力をすすめているほか、全国各地の会員寺院でも、さまざまなイベントや活動がおこなわれています。入会やこうした情報を掲載したニューズレター『シャンティ』のお申し込み、お近くの活動情報などはホームページを参照するほか、左記へお問い合わせください。

シャンティ国際ボランティア会　〇三―五三六〇―一二三三

※シャンティとはサンスクリットで「平和」「寂静」を意味します。

アーユス(仏教国際協力ネットワーク http://www.ayus.org)は、国際協力に取り組むNGOを支援するNGOとして、団体への人件費の助成、寺院ほかでのイベントへの講師派遣など、ユニークな活動に取り組んでいます。隔月刊のニューズレターには全国各地の会員寺院や、国際協力にとりくむ支援NGOの活動が紹介されており、自分なりのかかわり先やかかわり方が発見できるかもしれません。また、アジア現地へのスタディーツアーなどの企画や、関西地区・東海地区でも左記連絡先を軸に地域に根ざした国際協力のとりくみがおこなわれています。お問い合わせはホームページを参照するほか、左記へご連絡ください。

アーユス東京事務所　〇三―三八二〇―五八三一
アーユス関西（大阪市・應典院内）　〇六―六七七四―〇一一三
アーユス東海（津島市・宝泉寺内、HPあり）　〇五六七―二六―四四三八

※アーユスとはサンスクリットで「いのち」を意味します。

ボランティア先の具体的な探し方として、地域のボランティア協会などに連絡をとり、自分の希望や技能と相手先の要望を調整し、橋渡ししてもらうこともできます。ボランティア協会は、お住まいの市区町村の役場や教育委員会などでおたずねください。

そのほか、東京・神田のNGO活動推進センター（JANIC）が運営するNGO市民情報センターには、国際協力ボランティアその他の関連資料が収集されており、相談にも対応しています。JANICのホームページには活動の情報や各NGOのホームページが多数掲載・リンクされています。

NGO活動推進センター　http://www.jca.apc.org/janic

NPOジャパン・ネットのホームページには、NPOボランティアの総合案内所があって、募集情報を掲載しています。

NPOジャパン・ネット　http://www.npo-jp.net/

二十八団体が加盟する関西NGO協議会(http://www.sun-inet.or.jp/knc)では、イベントカレンダーを載せたニューズレターを季刊で発行、個人購読もできます。

関西NGO協議会　〇六―六三七七―五一四四

[いま、大学がおもしろい]

近年、社会人入試(面接と小論文など)を実施し、社会人の入学・受講を歓迎する大学が増えました。おもな仏教系の私立大学をあげておきますので、大学案内や受験案内を取り寄せてみてはどうでしょうか。

正規入学するほかに、科目をかぎって学ぶ聴講生の制度もあり、授業料も一科目いくらで履修できます。図書館なども利用でき、活用のしがいはあるかもしれません。

大正大学などでは公開講座やオープンカレッジを実施。仏教大学には通信制もあります。また駒沢大学では学内の禅堂で日曜参禅会を開催、だれでも無料で座れます。

駒沢大学（曹、世田谷区）	仏教学科、禅学科	〇三—三四一八—九一一一
大正大学（天・真・浄、豊島区）	仏教学科	〇三—三九一八—七三一一
東洋大学（文京区）	印度哲学科	〇三—三九四五—七二二四
立正大学（日、品川区）	仏教学部宗学科	〇三—三四九二—六六一六
同朋大学（真宗、名古屋市）	仏教文化学科	〇五二—四一一—一一一三
大谷大学（真宗、京都市）	真宗学科、仏教学科	〇七五—四三二—三一三一
種智院大学（真、京都市）	仏教学科	〇七五—六〇四—五六〇〇
花園大学（臨、京都市）	仏教学科	〇七五—八一一—五一八一
仏教大学（浄、京都市）	仏教学科	〇七五—四九一—二一四一
龍谷大学（真宗、京都市）	仏教学科、真宗学科	〇七五—三四三—三三一一
四天王寺国際仏教大学（羽曳野市）	仏教学科	〇七二九—五六—三一八一
高野山大学（真、和歌山県）	密教学科、仏教学科	〇七三六—五六—二九二一

林住期を生きる人たち

山折哲雄（やまおり・てつお）
一九三一年生。宗教学者、京都造形芸術大学・大学院長。

美谷克己（みたに・かつみ）
一九四四年生。農業、炭焼き業、著述業。http://www1.coralnet.or.jp/mitani

足立紀子（あだち・のりこ）
一九四〇年生。大学院学生、保健婦。n-adati@pop13.odn.ne.jp

叶治泉（かなえ・じせん）
一九四七年生。神戸癒しの学校主宰（電・078-271-6663）。jisen@jicn.ne.jp

成松幹典（なりまつ・みきのり）
一九四八年生。ネパール FEWA PRINCE ホテル支配人。
hotel@fewaprince.wlink.com.ne

三橋尚伸（みつはし・しょうしん）
一九四九年生。浄土真宗尼僧。鸞笙堂ホットライン・カウンセラー（電・0990-5-09904）。
mic@super.email.ne.jp

「林住期」を生きる
仕事や家を離れて第三のライフステージへ

二〇〇〇年十月二十五日　初版印刷
二〇〇〇年十月三十一日　初版発行

編著者……山折哲雄
装丁者……ペドロ山下
発行者……浅川満
発行所……株式会社太郎次郎社
東京都文京区本郷五—三二—七　〒一一三—〇〇三三
電話　〇三—三八一五—〇六〇五　E-mail:tarojiro@campus.ne.jp
印字……株式会社コーヤマ
印刷……壮光舎印刷株式会社＋株式会社文化印刷
製本……株式会社難波製本
定価……カバーに表示してあります。
ISBN 4-8118-0658-1 C0036

太郎次郎社の本

＊――定価は本体価格です

気でひきだせ、無限の治癒力

だれでもできる矢山式気功法

矢山利彦＝著

身体の歪みからくる痛み、生活習慣がよびこむ不調、ストレスがひき起こす病気、癌。しかし、人間はだれでも自己治癒力がある。西洋医学から東洋医学へ、治らない病気に挑戦しながら〈気〉の医療へ。臨床例をたどりながら、病人にもできるレッスン法を公開。

◉二〇八ページ◉四六判・二〇〇〇円

気そだて教育

いつでも、どこでもできる矢山式気功法

矢山利彦＝著

子どもがイラツク、ムカツク、キレル……という身体の〝荒れ〟は、子どものからだの異変だ。そんなとき、気功がからだとこころをととのえる。友だち同士、親と子、教師と子どもたちがいっしょに、だれでも〈気〉を体得でき、マスターできるレッスンの本。

◉一八四ページ◉四六判・二〇〇〇円

学び方・ライフスタイルをみつける本

アクティブな地球市民になるためのゼミ

下羽友衛＝編著

無関心派の普通の大学生たちが、地球や世界の現実とつながったとき、孤立した若者から行動する若者へと、どう変貌するか。ゼミという場での学び・体験をとおして問題をみつけ、手段を探り、行動を起こし、世界とつながる術を身につけていく十三人の若者の記録。

◉二二四ページ◉四六判・二〇〇〇円

倶会一処（くえいっしょ）

しんでからもはっこつのつきあい

無着成恭＝著

近代的な教育や認識の体系はたかだか三百年、仏教の思想は二千五百年の命脈を生きてきた。無着成恭は世紀末の時代に仏道にはいり、日本の農業と仏教と、人間の教育の再生という終生のテーマを実践する。仏教から教育は何を学ぶべきかを探った掌話集。

◉二八八ページ◉ミニB6判・二〇〇〇円